천년 기술 옻칠 문화재 보존

이오희 지음

천년 기술
옻칠 문화재 보존

이오희 지음

보존처리 전 상태
나전상(螺鈿箱) 조선시대
너비 57.0cm, 길이 37.9cm, 높이 14.2cm

보존처리 후 상태

보존처리 전 상태
나전상(螺鈿箱) 조선시대
너비 51.2cm, 길이 19.7cm, 높이 20.3cm

보존처리 후 상태 (자료제공 : 국립중앙박물관 보존과학부)

보존처리 전 상태
일본 平安時代(10~11세기)
海住山寺 목조약사여래좌상

보존처리 후 상태
현재 모습을 그대로 유지하는 현상유지 보존처리
(재)미술원 국보수리연구소에서 2012년 보존처리

화계사 목조관음보살좌상 보존처리 전 화학 캐슈도료 개금상태

화계사 목조관음보살좌상 보존처리 후 옻칠 개금 상태

강원도 원주 치악산 자락 옻칠 채취

옻칠 채취를 위해 홈(상처)내기

유백색 옻칠

강원도 원주시 흥업면 안영배 옻칠 채취 장인

채취 기술을 배우는 안영배 장인의 아들 안성진

양질의 옻칠은 점성으로 판단

옻나무에서 채취한 원생옻칠 보관

강원 원주 치악산 자락 옻나무 숲

옻나무 열매

옻나무 열매 표본

岩手県 二戸市 淨法寺漆
2016년부터 옻칠 채취기술 전승을 목적으로 차세대 채취장인 육성을 위해 연수교육 실시. 埼玉県出身 長島まどか氏, 二戸市로 이주, 옻칠 채취 장인의 길을 가고 있다. 이른 아침(6시경) 옻나무 숲에 들어가 하루 약 50그루에서 옻칠 채취

야광조개

나전(螺鈿)재료 전복껍데기

빛에 따라 변하는 전복자개(자료제공 : 손대현 서울특별시 무형문화재 칠장)

目白漆芸文化財研究所
대표 室瀬和美
蒔絵重要文化財保持者(인간국보)
수리전문가

칠공예가이자 수리전문가 北村昭斎
重要無形文化財保持者(인간국보)

공익재단법인 미술원 국보수리연구소
藤本靑一 상무이사

들어가는 글

필자는 문화재 보존의 불모지이던 1975년 일본 도쿄 국립문화재연구소, 1984년 영국 Ancient Monument Lab, EDO, London을 오가며 배움의 과정을 거쳐, 문화재 보존처리 전문가로 활동한지 올해로 45년이 됐다. 그 후 문화재 보존과학도들에게 작게나마 도움이 되고자 2008년『문화재 보존과학』입문서를 출간했다.

이번에는 좀 더 시선을 확장해 '전통 옻칠'에 초점을 맞췄다. 식재료에 대한 올바른 이해가 요리의 맛을 좌우하듯, 필자를 비롯한 보존처리자, 옻칠 기능인들이 옻칠에 대한 기본지식을 쌓으면 우리 문화재 보존처리의 질도 조금이나마 높아질 수 있을 것이라 생각했기 때문이다.

실제로 우리 문화재 중 통일신라시대부터 아주 특이한 기법으로 제작되어 온 나전칠공예 유물이 있는데, 필자는 이 소중한 유물들을 제대로 처리할 보존처리 전문가가 부족하다는 사실을 우연히 알게 됐다. 이후 3여 년 동안 옻칠로 유명한 일본을 수차례 오가며 보존처리, 옻칠 채취방법, 옻칠의 화학적 특성 등을 배우고 이를 알기 쉽게 기록하기로 결심했다. 여기에는 젊은 보존처리학도들 중 나전칠공에 보존처리 전공자가 배출되었으면 하는 바람도 크게 자리했다.

사실 옻칠 문화재 보존처리에 본격적으로 관심을 갖게 된 때는 2008년 2월 11일 새벽, 온 국민이 마음 아파했던 숭례문 화재 사건이 일어난 이듬해부터이다.

숭례문 복원을 위해 전통 단청재료를 조사·연구하던 중 곽동해 교수(한서대학교)와 함께 중국·일본을 몇 해 동안 오간 적이 있다. 마침 세계문화유산으로 지정된 일본 닛코 동조궁(日光 東照宮)에서 30~50년 주기로 이뤄지는 단청(채색) 수리 대공사(본전 건물 내부를 제외)를 실시하고 있었다. 당시 필자는 세 번째 방문만에 지붕 처마까지 올라가 단청(채색)을 실견하는 행운을 얻었다.

이를 통해 필자는 1617년 창건된 동조궁의 단청을 무려 400여 년 동안 동일한 천연 안료와 옻칠 재료, 그리고 기록을 근거로 한 전통 기법을 바탕으로 보존하고 있다는 사실을 알게 됐다. 그렇다면 우리나라는 어땠을까. 국가지정문화재 불상 개금 공사에 사용되는 접착제가 과연 기록을 근거로 한 천연 옻칠인지, 아니면 유사옻칠인 캐슈(화학옻칠)인지 한번쯤 진지하게 고민해볼 필요가 있다.

문화재 보존처리(수리)를 하는 데 있어 세 가지 절대불변의 가치가 있는데, 그것은 바로 장인정신과 전통기술 그리고 전통재료다. 특히 문화재 처리재료와 기술은 몇 백 년을 거쳐 온 검증된 우리 자산이기 때문에 어떠한 일이 있어도 잘 지켜 후손에게 전해져야 하는 이유다. 또 중요무형문화재(인간문화재)는 이수자에게 기술뿐 아니라 장인정신을 함께 일깨워주어야 한다. 왕관을 쓰려면 그 무게를 견뎌야 한다는 말처럼, 장인이라는 이름에 대한 사명감을 가지고 우리 문화재의 자존심을 지켜나가야 한다. 기술뿐인 장인의 손끝에선 소중한 문화재가 결코 올바르게 되살아나기 어려울 것이다.

> "아무리 문명이 진화하고 과학기술이 발전한다고 해도,
> 기계로는 절대 만들 수 없는 것이 있다.
> 그것은 장인의 정신과 심장소리에서 우러나는 기술이다"

이 책이 나오기까지 도움을 주신 여러분께 지면을 빌어 감사의 마음 전한다. 먼저 2018년 6월 30일과 9월 18일 두 번에 걸쳐 안영배 장인의 옻칠채취 소식에 이른 새벽 치악산자락 옻나무 숲까지 함께 달려간 오세종 장인, 2018년 8월에는 일본 문화청이 지정하고 岩手県 二戸市 漆産業課에서 관리하고 있는 "고향의 옻나무 숲(2007년 지정)"에서 하고 있는 옻칠채취 작업 과정을 조사를 할 수 있도록 도움을 준 岩手県博物館 赤沼 英男 박사, 昭和女子大學 武田 昭子 명예교수께 심심한 사의를 표합니다. 그리고 깊은

산속 먼 길을 함께 동행한 오세종, 박갑용, 김성규(대전시 무형문화재 단청장 11호)교수, 교토미술원국보수리연구소 견학을 동행한 한봉석(경기도 무형문화재 목조각장) 장인 그리고 丹波漆(福知山市文化遺産活用実行委員会)공방까지 안내하고 많은 자료를 찾아 보내 준 김민정 박사(京都 修美), 오키나와 수리성(沖繩 首里城) 옻칠 단청조사를 함께한 곽동해 교수, 그리고 보존처리 과정 사진을 일러스트로 그려준 임용훈 님께 감사드린다.

또 옻칠문화재 수리 견학을 위해 공방에 방문했을 때 따뜻하게 맞아주고, 소중한 시간을 할애해 자세히 설명해주신 奈良 北村昭斎(국가 인간국보) 선생, 東京 目白漆芸文化財研究所 室瀬和美(국가 인간국보) 선생, 그리고 京都 藤本靑一(미술원 국보수리연구소장) 선생 세분께 감사의 마음을 전한다. 마지막으로 이번에도 기다렸다는 듯 흔쾌히 책을 만들어 주신 주류성 최병식 대표님에게 이 자리를 빌어 감사 인사드린다.

차례

들어가는 글 · 20

제1장 서론   26

제2장 문화재에 사용되는 옻칠   30

1. 옻칠 채취 ▮ 2. 옻칠 채취 지역 ▮ 3. 옻칠 채취 장인 육성 ▮ 4. 생칠과 정제 옻칠 만들기 ▮ 5. 옻칠의 화학 성분 ▮ 6. 옻칠 건조(경화) ▮ 7. 금속표면 옻칠 고온열처리 경화 ▮ 8. 강한 옻칠 도막 ▮ 9. 자외선에 약한 옻칠 ▮ 10. 옻 염증 원인 ▮ 11. 백골 재료 ▮ 12. 채칠(채화)의 종류 ▮ 13. 캐슈수지 도료 ▮ 14. 천연 옻칠 도료와 화학 캐슈도료의 차이점

제3장 문화재 보존처리의 원칙   96

1. 올바른 처리의 기본 ▮ 2. 올바른 처리방침 결정 ▮ 3. 올바른 처리 마무리 방법 ▮ 4. 올바른 처리 주재료 ▮ 5. 올바른 처리자의 자세

제4장 수리복원 개념 및 방법   102

1. 수리복원 ▮ 2. 현상유지 보존처리와 부분 복원 ▮ 3. 본격적 보존처리와 부분 복원

제5장 보존처리 과정   104

1. 보존처리 전 조사 및 사진촬영 ▮ 2. 과학적 조사 ▮ 3. 세척 ▮ 4. 옻칠 경화 ▮ 5. 바탕 토회칠 보강 ▮ 6. 균열 보강과 접착 ▮ 7. 옻칠 도막 박락 방지 ▮ 8. 결손 부분 성형 ▮ 9. 옻칠 도막 틈서리 보강 ▮ 10. 옻칠 굳히기 ▮ 11. 보존처리 후 기록과 사진촬영

제6장 재료와 도구   112

1. 옻칠 ▮ 2. 우루시올 ▮ 3. 토분 ▮ 4. 미세 토분 ▮ 5. 목분 ▮ 6. 마분 ▮ 7. 옻칠 전용 붓 ▮ 8. 바탕칠 붓털 재료 ▮ 9. 시회 붓 ▮ 10. 옻칠 주걱 ▮ 11. 여과지 ▮ 12. 안피지 ▮ 13. 그 외 도구 ▮ 14. 옻칠 보관

제7장 실제 보존처리   126

1. 세척 ▮ 2. 안정화 처리 ▮ 3. 옻칠 굳히기 ▮ 4. 바탕 토회칠 보강 ▮ 5. 맥칠 주입과 옻칠 도막 고정 ▮ 6. 아교 교착 ▮ 7. 백골 메움 ▮ 8. 메움제 뿌리기 ▮ 9. 강화 ▮ 10. 틈서리 메움

제8장 목조불상의 올바른 처리   164

1. 현상유지 보존처리와 수리복원의 차이 ▮ 2. 미술원 국보수리연구소가 하는 일

맺음말 ··· 178

제1장

서론

우리나라에서 현재 가장 오래된 칠기는 전남 여천 적량동 상적 지석묘(기원전 5~6세기)와 충남 아산 남성리 석관묘(기원전 4세기)에서 출토된 옻칠 파편이다. 1916년에는 낙랑고분에서 다수의 칠기와 건칠이 출토된 바 있고, 전남 광주 신창동 유적과 다호리 유적(기원전 1세기)에서는 삼한시대(기원전 300~기원후 300)의 칠기인 흑칠 고배와 붓 등이 출토되었다. 그리고 2011년 충남 공주 공산성 유적에서는 정관 10년명(貞觀10年名) 옻칠 찰갑(札甲)과 말갑(馬甲) 일괄이 출토되었다. 이외에도 전국 각지에 많은 옻칠 유물들이 꾸준히 출토되고 있다. 최근엔 국립김해박물관에서 국내 옻칠 문화를 한눈으로 이해할 수 있는 「고대의 빛깔 옻칠」 특별전(2019.6)이 열리기도 했다.
　고려시대와 조선시대는 나전(螺鈿)칠기가 주류를 이룬다. 치밀하고 정교한 고려 나전과 대범하고 참신한 조선 나전의 의장표현은 대조적이다. 이 기술은 일본 칠공예 기술에 영향을 주었을 정도로 우수하다. 현존하는 가장 오래된 나전 칠공예품은 통일신라 때 제작된 나전단화금수문경(螺鈿團花禽獸文鏡, 국보 제140호)이다. 고려시대 나전 칠공예품은 아쉽게도 20여 점에 불과하다. 오랜 세월을 지나오면서 각 시대별로 문양의 디자인과 제작 기법들이 변천해왔음에도, 나전 칠공예 기술이 단절되지 않고 현재까지 계승되어 온 것은 참으로 다행이다.

우리나라에는 각 시대를 대표하는 문화유산들이 많이 있다. 그중 천연 옻칠과 조개껍데기을 사용하는 나전 기술은 세계적으로도 인정받는 예술품이다. 옻칠은 일단 굳으면 열에 강하고 염산, 황산에도 변하지 않아 내구성, 단열성, 내수성, 방부성이 우수한 재료로 손꼽힌다. 또한 다루기가 쉽지 않은 전복껍데기나 소라껍데기, 야광조개껍데기 등을 얇게 가공해 자개를 만든다. 여기에 줄음질, 끊음질, 모조법, 타발법 등의 기술을 구사해 섬세하고 정교한 무늬를 새긴다. 이렇게 탄생한 나전과 옻칠의 아름다운 조화를 이끌어내는 옛 장인들의 솜씨는 보는 사람들로 하여금 감탄을 자아낸다. 그러나 아쉽게도 나전 칠공예품은 오랜 세월 동안 물리적, 화학적, 생물학적 환경변화를 겪으며 바탕재질(백골)이 약화되고 뒤틀리거나 파손되어 그 역할을 다하지 못하고, 보존처리를 기다리는 유물들로 많이 남아있다.

이것이 바로 우리 선조가 물려준 나전 칠공예품을 올바르게 보존처리하여 후손들에게 물려주어야 하는 이유다. 이는 현재를 살고 있는 우리들의 의무이자 사명이다. 그러나 우리나라의 경우 출토 목제유물 보존처리 방법에 대한 연구가 진행된 것에 비해, 정작 전통을 잇는 나전 칠공예품 보존처리 전문가는 드물다. 대체로 일상생활에서 재사용하기 위한 상업적 수리가 고작이다.

학술적, 기술적, 역사적 그리고 예술적 가치와 문화재적 가치를 함께 되살리는 보존처리의 철학을 근간으로 작업을 진행하는 전문가가 몇 없는 지금, 본고에서는 문화재 보존처리의 기본윤리를 기초로 한 '올바른 문화재 보존처리 기술'을 소개하고자 한다.

문화재로서 옻칠 공예품은 단순히 미술공예품이 아닌 학술적 관점에서 처리원칙이 이루어져야 한다. 이 원칙은 '문화재 현재의 상태를 손상하지 않고 보존하여 후세에 전해주어야 한다'는 옻칠 공예품의 보존처리의 개념을 기반으로 한다.

옻칠 공예 유물의 보존처리는 기본적으로 전통적 방법과 과학적 방법이 있다. 전통적인 처리방법은 대개 전세된 나전칠공예에 사용하며, 과학적인 처리방법은 고고학적 발굴조사로 출토되어 함수율이 높은 칠공예 유물에 적용된다. 보존처리 방법 자체도 크게 다르다. 이번에 소개하는 기술들은 출토유물의 보존처리가 아닌 옛부터 전해 내려오는 전세품인 옻칠 공예품에 대한 전문 보존처리 방법이다.

제2장

문화재에 사용되는 옻칠

우리 선조는 몇천 년 전부터 옻칠의 특성을 알고 옻나무에서 옻칠을 채취해 천연옻칠로 멋진 생활 칠기를 만들어 향상된 생활을 했다. 이는 학술발굴조사로 출토된 유물들이 다른 유물에 비해 놀라울 정도로 색상과 형태가 잘 남아있다는 점에서 확인할 수 있다. 그렇다면 고대 선인들은 어떻게 옻을 기물에 칠하면 아름다운 색상과 광택이 나고 오랫동안 변하지 않는다는 것을 알게 되었을까. 어떻든 옻칠은 고대에도 현대에도 최고 하이테크 접착제와 도료임은 틀림없다.

　　인류가 처음 사용한 칠기는 중국 절강성 허무두(河姆渡) 유적에서 발굴된 그릇(고고학적 학술조사로 확인, 7,000년 전 주칠 사용)이 있다. 일본의 첫 칠기는 조몬시대 전기(繩文時代 前期, 5,500년 전) 福井郡 三方郡 三方町 유적에서 출토됐는데, 동백나무에 붉은 옻을 칠한 빗이다. 그리고 山形県 押出遺跡에서 繩文前期로 추정되는 적칠(赤漆)에 흑칠(黑漆)로 와권 문양(渦卷文樣)을 그린 채칠 토기가 발굴되었다.

　　우리나라에서 가장 오래된 칠기는 전남 여천 적량동 상적 지석묘에서 출토된 비파형 동검에 칼집으로 사용했던 옻칠 조각 편(기원전 5~6세기)과 충남 아산 남성리 석관묘 유적에서 출토된 옻칠 조각 편(기원전 4세기)으로 알려져 있다.

그 다음은 원삼국시대 유물(기원전 1세기)로, 1988년 경남 창원 북면 다호리 1호무덤 통나무널 아래에서 붓과 부채자루, 검·검집, 화살집 등 많은 양의 흑칠기가 출토되었다.

고려·조선시대에는 나전칠기가 주류를 이룬다. 나전은 패각을 평평하게 갈아 문양의 형태로 재단하여 칠기에 붙이는 장식기법이다. 이는 중국 당시대부터 송시대에 걸쳐 얇은 나전을 사용했던 방식으로, 신라에 전해져 고려, 조선시대까지 이어져 왔다. 신라시대 나전 칠공예품은 아직 발견된 것은 없으나, 고려 나전은 치밀하고 정교한 반면 조선 나전은 느긋하고 참신한 의장표현이 대조적이다. 나전칠기는 한국을 대표하는 옻칠 공예품으로 전 세계에서 인정받고 있다. 옻칠은 예부터 우리 문화와 밀접한 관계가 있기 때문에 전통산업 문화를 지키기 위해서라도 없어서는 안 될 소중한 재산이다.

옻나무는 옻나무과 옻나무속 낙엽고목의 일종으로, 학명은 *Toxicodendron vernicifluum*이다. 열대에서 온대까지 200여 종에 이른다. 옻나무는 일반적으로 25m 정도까지 자라며 수명이 짧아 100년을 넘기지 못한다. 한국, 중국, 일본의 옻나무는 15년 정도 되면 줄기 지름 15㎝, 높이 5~6m 만큼 자라며 대만이나 베트남의 옻나무는 검양옻나무와 비슷해 3년 정도 되면 지름 10㎝, 높이 3~4m 만큼 자란다.

보통 하나의 꽃차례에 수백 개의 꽃이 달리고, 5~6월에 꽃이 피고

6~7월쯤에 열매가 열린다(지역에 따라 다름). 옻나무는 암수로 구분되며, 보통 암나무는 수나무보다 크고 수액 채취량도 더 많다. 수꽃은 꽃술이 긴 반면 암꽃술은 수꽃술에 비해 짧다. 열매는 직경 5~6㎜ 정도이며, 옻나무에는 망고와 캐슈넛도 포함된다. 망고는 식용, 캐슈넛은 식용뿐 아니라 껍질에서 기름을 짜내 도료 원료로 사용하는데 이것이 캐슈칠이다. 하지만 이렇게 많은 옻나무 중 옻칠을 채취할 수 있는 건 몇 종류에 불과하다. 우리나라에는 참옻나무, 개옻나무, 검양옻나무, 넝쿨옻나무, 산검양옻나무, 붉나무(오배자) 등 6종이 있고, 이중 현재 참옻나무에서만 옻칠을 채취한다.

옻칠은 한국·중국·일본·대만·베트남·미얀마·태국·인도 등 동양에만 분포되어 있다. 주성분에 따라 세 종류로 나뉘는데, 한국·일본·중국은 우루시올(urushiol), 베트남 북부와 타이완은 검양옻나무에서 채취하는 라콜(laccol)을 주성분으로 하며 태국과 미얀마 라오스는 팃시올(thitsiol)이 주성분이다. 엄밀히 따지면 라콜과 팃시올은 주성분이 다르기 때문에 유사 옻칠로 봐야 한다.

옻칠은 6월 초순부터 채취하기 시작한다. 초칠은 6월 초순경~7월 중순, 성칠은 7월 중순~9월 중순, 말칠은 9월 중순~9월 말까지 채취하며 이중 7월 중순에 채취한 옻칠 성분이 가장 좋다. 옻나무 표면에 가로 방향으로 홈(상처)을 낸 다음 예리한 돌기 날로 홈 중앙을 다시 그어주면 홈에서 수액이 흘러나오는데, 이때 수액(옻칠)이 흘러내리지 않도록 여분의 옻칠을 깨끗하게 긁어 통에 담는다.

1. 옻칠 채취

옻칠은 1회 작업 당 0.5 ~1㎖, 옻나무 한그루에서 일 년에 200㎖ 정도 얻을 수 있는 아주 귀한 재료다. 이는 옻나무의 탄소동화작용으로 생산돼 매일 작업이 불가능하고, 4일 간격으로 채취하기 때문이다. 옻나무의 껍질과 목질 사이(옻칠 액구)에 많이 분포되어 있으며, 보통 8년~10년 이상 자라 옻칠 액구(수공)의 개수가 많은 옻나무에서 6월 초~10월까지 채취한다.

6월에 채취하는 옻칠은 초칠로 수분이 많아 건조가 빠르고, 짙은 황갈색이며 잔주름이 생기기 쉽고, 신맛이 있다. 7월~8월 중순에 채취한 성칠은 고품질 옻칠이다. 황금색으로 광택이 좋고 수분이 적고 달콤한 냄새가 난다. 가장 늦게 채취하는 말칠은 점도가 강해 두껍게 칠하는데 좋고, 광택이 떨어지며 하얀색을 띈다. 단맛이 없으며 바탕재로 쓰인다. 채취를 할 때는 껍질만 벗겨내고 안쪽 나무는 상하지 않게 채취하는 것이 핵심이다. 깊게 상처를 내면, 옻칠이 나무 속으로 스며들어가 분출되지 않기 때문이다. 옻나무 껍질에 상처를 낼 때는 껍질 아래 옻칠 층이 약간 긁히는 정도가 가장 좋다.

사실 옻칠을 채취하는 과정은 옻나무를 죽였다 살렸다 반복하는 작업이다. 모든 식물은 자기 스스로를 보호하는 본능을 가지고 있는데, 옻나무 역시 상처를 내면 유백색의 분비물이 흘러나온다. 이것이 옻칠(수액)이다. 이는 상처가 아물 때 나오는 자연치유 분비액이다. 우리 피부에 상처가 나면 피가 나오다가 곧 진물이 나와 딱딱하게 굳으면서 딱

지가 생기고 새살이 나오는 것과 같은 원리다. 인류가 최초로 어떻게 옻칠을 채취했는지는 알 수 없으나, 옻나무에 껍질이 벗겨지면서 흘러나온 옻칠을 받아 우연히 그릇에 칠해 사용했을 것으로 추측된다.

옻칠 채취 방법은 크게 두 가지로 나뉜다. 한 해 동안 옻나무가 고사될 때까지 채취하는 '살소법(殺搔法)'과 오랫동안 옻나무를 양성해 채취하는 '양생법(養生法)'이 있다. 살소법은 그해 옻칠 채취가 끝나면 옻나무는 벌채를 하고, 양생법은 느긋하게 나무를 수년간 양생해가며 채취하는 방식이다. 양생 채취는 크게 상처를 내 한 번에 채취하는 것이 아니다. 조금씩 나무를 키워가면서 옻칠(수액)을 몇 년간 채취하기 때문에 장기적으로는 이 방법이 좋다. 살소법은 1년간 채취하면 고사되는 것을 알고 작업하기 때문에 한 번에 최대한 많이 채취하려 한다. 한국과 일본은 주로 살소법, 중국은 작업 후 3~4년간 휴식기간을 가진 뒤 옻나무가 회복될 때까지 기다렸다가 다시 채취하는 양생법을 사용하고 있다.

채취자가 한 해 동안 채취할 수 있는 옻나무의 수량과 작업범위를 정하는 것이 옻칠 채취의 첫 번째 단계다. 그 다음엔 특수 제작한 긁기 칼을 가지고 수평으로 홈을 파 상처내기를 한다. 첫 상처내기 시 옻나무에 작은 눈금을 내서 연간 채취할 구획을 정하는데, 이를 '눈금따기'라고 한다. 예를 들어 20cm 간격으로 10구획을 정한다면, 10군데 상처를 내는 방식이다. 이렇게 상처 내는 것을 옻나무에 자극을 주어 옻칠 수액의 분비를 촉진시키기 위한 행위로 보는 사람도 있다.

옻나무 상처내기 후 흔적(원주 치악산 자락 옻나무)

상처내기는 4일에 한 번 작업을 하는데 옻나무의 배열에 맞춰 한금씩 위로 올라간다. 1~3금에서 나오는 옻칠(수액)은 채취하지 않고 4금부터 옻칠을 채취한다. 대체로 4~8금까지 채취한 옻칠을 초칠, 9~19금까지 채취한 것은 성칠, 그리고 20~25금까지 채취한 것을 말칠이라 부른다. 말칠이 끝나고 여분의 부분에 상처를 내 채취한 것을 지칠이라고 하며, 옻나무 줄기를 일정한 크기로 잘라 끝부분을 물에 담았다 불에 그슬어 끓어오르는 진액은 화칠(火漆)이다.

조선시대 옻 내기

『산림경제』 제2권
옻나무는 습기가 많은 곳에 심는 것이 좋다. 2월에 심어도 되고 10월에 심어도 된다.

『사시찬요』
옻 내기(채취)는 6월, 7월 다 괜찮다.

『신은지』
7월에 도끼로 나무껍질에 찍어 놓고 수액을 대롱(竹管)으로 모아 담으면 칠이 된다.

『속방』
큰 옻나무(老大樹)의 경우는 나무 밑을 깊이 파고 직근(直根)을 잘라 낸 뒤 잘라진 윗부분에 그릇을 이어달아 놓으면 칠(汁)을 많이 받을 수 있다.

(고전국역총서 산림경제 1. 재단법인 민족문화추진회)

원주 치악산 자락 옻나무 숲

1) 나라별 옻칠 채취 방법

(1) 한국

우선 조선시대 옻칠 채취 방법은 여러 서적에 기록되어 있다.

보통 옻칠 분비량은 옻나무 내외의 온도 차이에 따라 생기는 압력의 영향을 받기 때문에 보통 낮보다 이른 새벽에 채취 작업이 시작된다. 대만의 경우 자정에 헤드라이트를 착용하고 작업을 시작해 다음날 새벽에 마친다.

옻칠이 분비·축적되어 있는 옻칠 액구가 수피와 목재부 중간에 있기 때문에 그 위치를 정확히 겨냥해 상처를 내는 고도의 기술이 필요한데, 오랜 경험과 숙련된 기술자가 아니면 채취하기가 쉽지 않다. 현재 우리나라엔 40년 이상 경험이 있는 옻칠 채취 장인은 안영배 외 4~5명이 있고, 일본엔 60명 정도 남아있다.

원주시에 거주하는 안영배 장인은 보통 새벽 5시에 작업을 시작해 오전 11시경에 작업을 마친다. 상처내기부터 채취까지 대부분 혼자 작업하고, 급할 땐 2인 1조로 팀을 구성한다. 조장이 몇 그루 옻나무에 상처내기를 해나가면 조원은 홈에서 흘러나오는 옻칠을 긁어모아 통에 담는다. 혼자서는 한 번에 많은 상처내기 작업이 불가능하기 때문에 한 그루씩 상처내기를 하고 옻칠을 모은다. 주로 6월 초~10월 말에 작업을 하며, 8~9년 정도 자란 옻나무 400그루에서 연간 40~50㎏의 옻칠을 채취하고 있다. 안영배 장인의 방식은 다음과 같다.

[초칠 내기]

보통 5월 25일경 옻나무 밭에 들어가 하예 작업을 한다. 평균적으로 1일 150그루, 1년 600그루를 기준으로 4일마다 작업한다. 우선 첫 홈 내기를 기준으로 20㎝ 간격마다 1년간 옻칠을 낼 작업 구획을 정한다. 그 다음 한 줄씩 가로로 홈을 긋는데, 6회 금까지 채취된 옻칠을 초칠이라고 한다. 1회~3회 홈에서 흘러나오는 수액(옻칠)은 채취하지 않고 채취량은 5~6㎏ 정도다. 초칠은 수분이 많고 고무질 함량이 적어 윤기가 부족해 주로 약용이나 옻닭용으로 판매한다.

[성칠 내기]

일곱 번째부터 채취하는 옻칠이 성칠인데, 품질이 우수하다. 작업은 보통 맑은 날에 실시하고 비 오는 날은 작업을 중단해야 하기 때문에 2~3일 작업을 건너 뛸 수도 있다. 성칠 역시 상급, 중급으로 분리해 용도에 맞게 사용하는 것이 좋다. 9~16회 채취한 옻칠은 수분이 적고 고무질 함량이 많아 윤기가 선명한 상급이며 7회, 8회에 채취된 옻칠은 고무질 함량이 적고 비교적 수분 함유량이 많아 중급으로 분류한다. 좋은 옻칠은 채취장들의 육안으로 구분해 판단한다.

[말칠 내기]

말칠은 19~23회 중 채취하는 옻칠로, 이때는 단풍이 물드는 시기라 옻칠에 수분이 부족해 흰색의 옻칠이 나온다. 약용으로 가용하기에 약효가 가장 좋다.

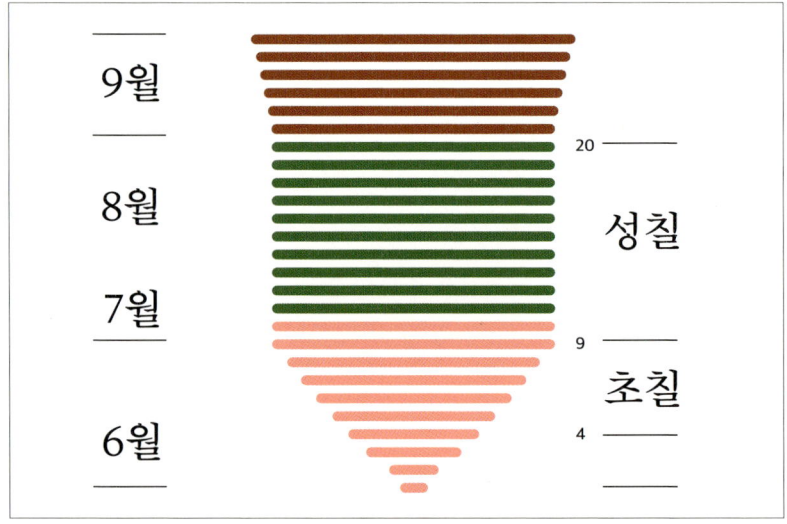

월별 옻칠내기 명칭
안영배는 7금에서 16금이 성칠

옻나무 열매

안영배 장인의 옻칠 채취도구

상처내기 후 유백색의 옻나무 수액은 산화되면 검게 변한다.

막 채취한 원생옻칠

옻칠 채취 시 홈(상처)내기 단면

뿌리 쪽에서 옻칠을 많이 채취할 수 있어 장고형 모양으로 홈(상처)내기를 한다.

| 옻칠 채취 후 벌채 | 1년 후 | 10년 후 |

(永瀬喜助 漆の本에서)

옻나무에서 막 채취한 옻칠, 윗부분이 옻산(Urushiol)

안영배 옻칠 채취장인

제2장 문화재에 사용되는 옻칠

(2) 중국

중국에서는 1년 옻칠 채취 작업이 끝나도 벌채하지 않고 수년간 계속 채취하는 양생법을 사용한다. 실제로 중경시 성구현 방두평촌(重慶市 城口縣 方斗坪村) 작은 마을에서는 6~10월을 한 시즌으로, 5개월 동안 200kg의 옻칠을 채취한다. 안영배 장인은 보통 40~50kg, 최대 80kg를 채취하는 경우도 있다. 일본은 80~100kg으로, 우리나라보다 두 배 이상 채취하고 있다.

우선 옻나무 윗부분부터 V자형으로 상처를 내고 투명필름을 꼬깔형으로 접어 V자 밑에 꽂아둔다. 채취한 지 40분 정도 지나면 작업 순으로 옻칠을 수거한다. 상처내기는 10일 간격으로 진행하며 같은 부위에 6회 반복한다. 그러면 홈이 점점 넓어지게 된다. V자형 상처내기는 위에서 아랫방향으로 진행하고 옻칠은 밑에서 윗방향으로 수거한다. V자형 상처내기 간격은 50cm 정도다.

옻칠 채취도구

옻칠 받는 용기

V자형 홈(상처)내기

흐르는 옻칠을 받고 있는 모습

(3) 베트남

대만과 베트남의 옻나무는 검양옻나무와 유사한데, 묘목 후 3년이 되면 직경 10㎝, 높이 3~4m 정도 된다. 이때 V자형 홈을 파고 그 아래 담수조개를 꽂아둔다. 그 다음 조개에 담긴 옻칠을 통에 담아 오는데, 5~7일 간격으로 한 군데씩 상처를 내는 방식으로 3년간 채취를 반복한다. 3년간 채취한 옻나무는 벌채해 장작으로 쓴다. 채취한 옻칠은 마을로 가져와 대나무로 만든 큰 항아리에 넣어 옻칠 저장고에 보관한다. 이렇게 보관된 옻칠은 상층·중층·하층으로 분류하는데, 하층은 토회칠을 만들 때 사용하고 중층은 중칠할 때, 상층은 상칠할 때 쓴다.

삼각형으로 상처 내고 일주일 후 채취

큰 대나무통에 보관

(자료제공 : 加藤 寬)

(4) 태국·미얀마

태국·미얀마에서는 북부 샨 고원(Shan plateau)을 중심으로 옻칠을 채취한다. 옻칠을 채취하는 소수민족은 팔라웅족(Palaung)과 태국 국경 주변에 살고 있는 카렌족(Karen) 등 일부다. 이 지역에서는 옻나무의 껍질(수피)을 역삼각형으로 파 상처를 내고, 대나무 통을 꽂아 일주일 정도 두었다가 통에 담긴 옻칠을 회수한다. 그 다음 동일한 방법으로 대나무 통을 설치하고 7일 후에 회수한다. 태국이나 미얀마의 옻나무는 거목으로 직경 1m, 높이 25m로 자라며, 채취된 옻칠이 진한 검정색이라 Black tree라고도 부른다.

옻칠 분포도

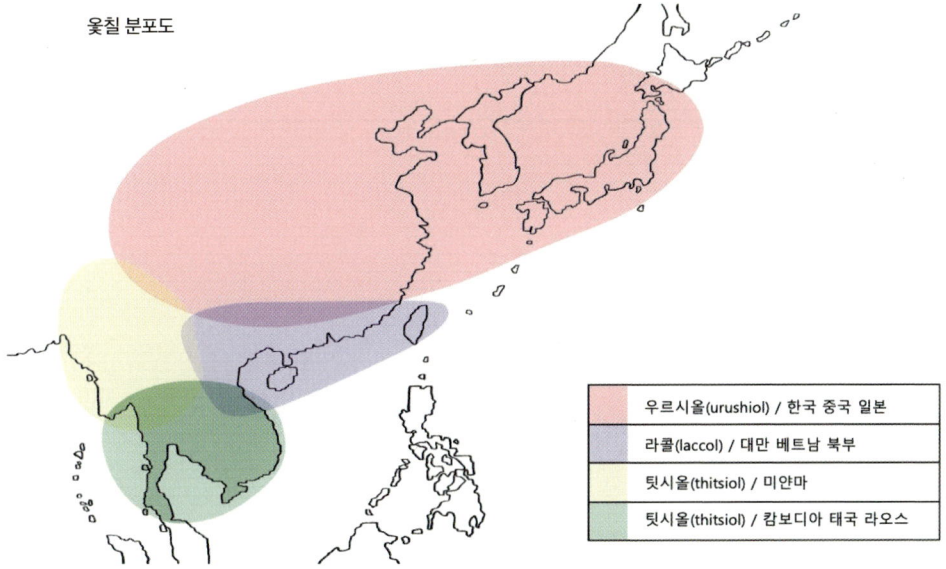

2. 옻칠 채취 지역

우리나라에서는 원래 경기도 장단, 충청남도 천안·청양·결성·예천, 강원도 원주, 경상남도 거창, 평안북도 태천, 황해도 해주·평산, 함경남도 함흥 등에서 옻칠을 채취했다.

그러나 현대 산업의 빠른 성장과 동시에 주거환경이 바뀌면서 지금까지 사용해오던 옻칠 그릇, 옻칠 장롱들을 불편하다고 생각하기 시작했다. 그러면서 석유정제물로 만든 합성수지 제품들이 그 자리를 차지하면서 자연스레 천연도료인 옻칠 생산이 줄어들게 되었다.

현재 국내에서는 강원도 원주와 경남 마천 등지에서 옻칠을 생산하고 있으나, 실제 옻칠을 채취하는 작업을 하는 곳은 원주시에 거주하는 안영배 장인 외 4~5명 정도다.

〈과거 우리나라 옻칠 생산지〉

경기도 → 장단
충청남도 → 천안, 청양, 결성, 예천
강원도 → 원주
경상남도 → 거창
평안북도 → 태천
황해도 → 해주, 평산
함경남도 → 함흥

(永瀬喜助 漆の本 －天然漆の魅力を探－ 인용)

3. 옻칠 채취 장인 육성

옻칠을 얻기 위해서는 특수 제작한 U자형 낫을 이용해 옻나무 수피에 가로로 홈파기(상처내기)를 하는데, 그 기술이 쉽지 않다. 대체로 3년의 교육을 받아야 혼자서 옻칠을 채취할 수 있는 옻칠 채취 장인이 될 수 있다. 이 기술을 단순하게 생각할 수 있으나 실제로는 아주 세밀한 테크닉과 감각이 필요하다.

1) 한국 옻칠

고대로부터 내려온 천연도료 옻칠은 최근 최첨단 재료로 각광을 받아 항공기, 디자인 등 여러 분야에 폭 넓게 이용되고 있으며, 그에 따른 연구도 활발하게 진행 중이다. 우리도 국가적 차원에서 옻칠 산업에 많은 관심을 가지고 육성시켜야 한다.

하지만 신라칠기, 고려나전칠기, 조선나전칠기 등 칠공예품의 제작기술을 전수받은 우수 장인은 중요무형문화재로 지정되어 전통기술의 맥을 이어가고 있는 데 반해, 정작 칠기 제작에 없어서는 안되는 재료 중 하나인 옻칠을 채취하는 전문가 중에서는 국가 또는 지방 무형문화재로 지정된 장인이 없다.

우리 정부에서도 옻칠 채취 장인을 국가 중요무형문화재로 지정하여, 더욱 체계적으로 전문가를 양성하고 기술의 맥을 이어갈 수 있도록 해야 한다. 옻칠 채취 장인이 없으면 우리 옻칠 산업은 소멸되고 만다. 현재 옻칠 채취 장인은 원주에서 활동하고 있는 안영배 외 4~5명 정도이다.

　게다가 문화재를 보존처리할 땐 반드시 우리나라에서 생산된 옻칠을 써야 한다. 현재 우리나라 장인 대부분이 중국·일본산 옻칠을 사용하고 있지만, 우리 땅에서 생산해 수백 년간 사용되어 온 검증된 재료를 써야 한다. 주재료로 옻칠을 사용한 우리 문화재가 상당히 많기 때문에, 양질의 옻칠이 생산되어야 더 올바르게 처리를 할 수 있다. 우리 옻칠도 일본에 못지않게 양질의 옻칠이 있다. 하루 빨리 우리 땅에서 생산되는 옻칠로 우리 문화재 보존처리가 이루어지길 바란다.

2) 일본 옻칠 채취 장인 육성
　일본은 옻칠의 국가라고 불릴 만큼 옻칠 산업이 오래 전부터 성행해 왔다. 옛부터 건조물이나 기물 등에 쓰이며, 일본을 대표하는 전통 도장재료이자 접착제로 광범위하게 이용되어 왔다. 특히 장인이 채취한 천연 옻칠은 문화재건조물 보존처리에 불가결한 재료다. 어학사전을 보면 'japan'의 뜻이 '1.옻칠 2.옻칠을 한 3.~에 칠하다 4.칠 5.옻칠에' 등으로 나올 정도다. 현재는 'Oriental lacquer', 'Natural lacquer'라고 한다.

　1543년 포르투갈인들이 사스마번 종자도(種子島, Tanegashima)를 통해 철포를 전파할 무렵, 일본과 서양 간의 교류가 시작됐다. 이 기점으로 서양의 문화와 문물이 일본에 전해졌고, 일본은 칠기, 도자기, 기모노 등 생활용품들을 수출했다. 이중 유럽 귀족들은 칠기를 선호했다.

David Atkinson
小西美術工藝 會長

특히 흑칠에 금박이나 금분으로 장식한 마키에(蒔絵) 칠기는 진기한 수집품으로 인정받으며 귀족들이 경쟁하며 구입했을 정도였다. 덕분에 18~19세기에는 더 많은 칠기를 수출했는데, 당시 칠기의 공식 명칭이 없던 터라 'japan'이라는 이름이 붙여졌다.

하지만 최근 일본의 옻칠 생산량이 턱없이 부족해지면서, 정부는 전통 옻칠 문화재를 지키기 위해 2007년부터 옻칠 수급에 대한 변화를 주기 시작했다. 닛코(日光)에 있는 세계문화유산 중 하나인 일광의 사사(日光の社寺, The world heritage shrines temple)의 중요문화재 건조물을 보존수리할 때 일본산 옻칠을 연간 총 생산량의 40% 정도를 사용하도록 한 것이다. 실제로 2016년 일본 옻칠 소비량 44.6톤 중 90%가 중국산이고 일본산은 3% 정도(나머지는 베트남 등에서 수입)에 지나지 않았다. 한

통계자료에 따르면 일 년에 수입되는 옻칠은 중국산 95%, 일본산 2%, 베트남 2%, 기타 1% 정도다. 이때까지 국보 중요문화재 건조물 보존수리에 일본산과 중국산을 3:7 비율로 혼합해 사용했다. 이에 일본 문화청은 2015년 2월에 "2018년부터 국보 중요문화재 건조물 보존수리에 바탕재를 포함한 모든 공정에 사용되는 옻칠은 100% 일본산을 사용해야 한다"고 발표했다.

아이러니한 점은, 이렇게 일본 문화재를 보존수리할 때 질 좋은 일본산 옻칠을 사용해야 한다고 정부에 건의한 인물은 영국인 David Atkinsion(옥스퍼드대학에서 일본학 전공, 현재 小西美術工藝社 會長)이다. 이 건의가 받아 들여져 2018년부터 모든 문화재 보존수리에 일본산 옻칠을 사용하게 된 것이다.

또한 양질의 옻칠을 지속적으로 생산하기에 전문 옻칠 채취 장인이 부족하다고 판단한 문화청은 젊은 채취장을 교육시켜 문화재 보존에 필요한 전통적 기술로 인정하고 있다. 실제로 1996년 니노헤시 칠산업과(二戶市 漆産業課) 내에 사무국을 둔 일본 옻칠 채취 기술 보존회가 전통기술로 인정받았고, 이와테현 조보지마찌(岩手県 淨法寺町)를 거점으로 옻칠 채취기술연마, 전승자 양성 등의 사업을 진행 중이다.

일본은 옻칠 채취장인을 양성하기 위해 국비를 지방 행정에 지원하고 있다. 안전한 옻칠 공급을 위해 2007년 3월 27일 이와테현 니노헤시 조보지마찌(岩手県 二戶市 淨法寺町 明神沢)에 4ha 규모로 '고향 문화재의 숲(ふるさと文化財の森)'을 지정하기도 했다. 지정 안내판에는 『이 숲은

일본 문화청 지원금으로 岩手県 二戸市에서 젊은 옻칠 채취장 육성. 교육기간 3년

우리나라 역사와 문화를 전하는 문화재건조물을 보호하고, 수리를 위한 자재를 안정적으로 확보하기 위해서 소유자와의 이해와 협력을 바탕으로 문화청이 고향 문화재의 숲으로 선정하였다.』라고 적혀있다. 그리고 京都府 福知山市 夜久野町 丹波漆의 옻칠 채취는 1991년 京都府 無形文化財로 지정되었고, 문화청은 2011년 고향 문화재의 숲(ふるさと文化財の森)으로 지정했다.

고향 문화재의 숲, 옻나무 숲

안내 표지판

일본 옻칠 채취도구

홈파기 긁기 칼과 옻칠 채취도구

제2장 문화재에 사용되는 옻칠

4. 생칠과 정제 옻칠 만들기

옻칠은 크게 원생옻칠, 생칠, 정제 옻칠로 나눌 수가 있다.

1) 생칠

생칠은 토분과 목분, 뼛가루(골분), 숯가루 등을 혼합하여 토회칠을 만들어 메움제로 사용하거나, 뒤틀림 방지를 위해 백골을 눈먹임(Filler, 밑일) 작업 등을 할 때 보강재로 사용한다. 또 주성분인 우루시올 외에도 수분이 많고 고무질, 당류, 효소, 전분과 글루텐 등이 섞여있어 분산상태가 좋지 않아 도료로 사용하기 부적합해 접착제로 사용한다. 그래서 교반작업을 통해 입자를 미세하게 만드는 '입자 고르기'와 옻칠에 함유된 수분을 제거(조정)하는 '수분 날리기' 작업이 필요하다. 보통 수분 날리기 작업보다 입자 고르기 작업을 먼저 시행한다.

생칠은 많은 양의 수분을 함유하고 있어 전반적으로 불안정 상태이기 때문에, 정제기에 넣고 교반하여 수분의 입자 지름을 미세하고 일정한 크기로 만들어야 한다. 정제 나무통에 생칠을 넣고 교반해 성분을 균일하게 분산시키면 도료로써의 매끄러움이 생기고 건조 후엔 표면에 아름다운 광택이 난다. 즉 도료로써 옻칠의 품질은 입자를 일정하게 만드는 작업의 섬세함에 달려있다.

원생옻칠 불순물 제거 작업
1) 원생옻칠을 교반통(칠통)으로 옮겨 담는다.
2) 거름솜을 넣고 교반하면 원생옻칠에 들어있던 협잡물들이 솜에 부착된다.
3) 교반이 완료되면 원심분리기에 원생옻칠을 옮겨 담고 회전시켜 짜낸다.
4) 협잡물이 걸러진 생칠을 정제기 통으로 옮겨 입자를 균일하게 만든다.
   (옻칠 도막을 치밀하고 평활하게 하는 중요한 공정이며, 이때 교반의 회전 속도와 시간에 따라 광택과 건조 조정이 가능하다.)
6) 입자 고르기(입자 균일화) 작업이 끝나면 열을 가해 여분의 수분을 제거한다.
   (열을 주는 시간에 따라 옻칠의 점도와 건조시간 조정이 가능하다.)

2) 정제 옻칠

접착제로 사용할 때는 생칠 그대로 사용해도 되지만, 도료로 사용할 때는 정제작업을 통해 수분함량을 줄여 건조(경화) 시간을 늦춰야 한다. 생칠에서 수분을 빼내면 갱엿(검붉은 갈색) 같이 반투명 상태가 되고, 비로소 두껍게 도칠을 할 수 있는 옻칠이 된다.

옛날에는 정제 옻칠을 만들기 위해 좋은 날씨를 택하고, 넓은 나무통에 생칠을 넣어 태양광을 쬐어주면서 나무 주걱으로 천천히 교반을 하는 입자 고르기와 수분 날리기 작업을 동시에 했다. 수분이 서서히 증발되면 거품이 꺼지면서 액체 색상이 황갈색으로 변해 투명감이 생기기 때문이다. 지금은 양질의 정제 옻칠을 만들기 위해 나무 정제통에 나무 프로펠러 교반기를 부착해 회전시키면서 입자를 균일하게 만들고, 상부에 히터나 적외선램프를 설치해 열을 주어 수분을 날리는 작업을 동시에 하고 있다. 이 두 과정을 거치지 않고서는 질감과 광택이 매끈한 정제 옻칠을 만들 수가 없다.

정제기술자와 제품에 따라 차이는 있겠지만 38~40℃에서 90분~120분 정도 교반해 입자를 고른다. 입자 고르기 작업이 끝나면 수분을 날려야 하는데, 이때 이때 42℃ 이하의 열로 3~4시간 교반한다. 잔류 수분은 소량 3~5% 정도만 남긴다. 수분을 완전히 증발시키면 옻칠이 건조되지 않기 때문이다. 또 수분을 날릴 땐 45℃ 이상 온도가 올라가면 입자가 뭉치는 가교반응이 일어나, 라카아제 효소가 활성화되지 못해 옻칠이 경화되지 않기 때문에 온도 관리에 각별히 주의해야 한다. 이렇게 정제된 정제 옻칠과 생칠을 유리판에 얇게 칠해 비교해 보면, 정제 옻칠은 반대쪽이 투명하게 보이는 데 반해 생칠은 보이지 않는다.

(1) 정제 옻칠의 종류

정제 옻칠은 투칠과 흑칠로 구분할 수 있다. 투칠은 투명도가 매우 높아 안료를 섞으면 채칠이 된다. 흑칠은 생칠에 철분 또는 수산화제1철의 수용액을 섞어 만들면 고급진 흑색을 띤다. 또 유연, 송연 등 카본블랙계 미립자를 섞기도 하는데, 이때 너무 많은 양을 넣으면 끈기가 생겨 적당량을 섞는 것이 중요하다.

옻칠 도막의 윤기와 광택, 건조를 위해 아마인유, 들기름, 동유와 같은 식물성 건성유를 첨가하는 유칠이 있는데, 이것은 생칠할 때 쓰인다. 또 기름을 사용하지 않고 수분을 날리는 과정만으로 광택 대신 옻칠 특유의 윤기를 내는 무유칠이 있다.

최근 일본에서는 'MR옻칠'을 새롭게 개발했다. 물의 입자를 초미세입자로 균일하게 만드는 입자 고르기와 수분 날리기로 만드는 정제 옻칠이다. 세라믹제 3롤밀(Three roll mill)을 이용하는 정제기술인데, 회전비 12/30.5/78(rpm) 상태에서 3회 롤밀 사이로 통과시켜 정제 옻칠을 만든다. 롤 사이의 압축작용과 속도가 다른 롤 사이의 전단작용(剪斷作用)을 통해 수분함유 입자들이 미세입자로 변한다. 다시 말해 3롤밀은 수평으로 놓인 롤러 사이에 미세한 간극으로 옻칠을 통과시켜 옻칠을 균질화시키는 장비다. 이렇게 만들어진 옻칠을 나노 옻칠이라 한다. 투명 옻칠로 만들어진 도막 중 친수성 입자의 평균 직경은 0.98㎛인데 반해 3롤밀로 정제된 옻칠의 막은 평균 0.39㎛이다. 이 정제 옻칠은 점도가 낮고 건조속도가 빠르다는 특징을 가지고 있다.

정제하기 전, 생칠을 용기에 넣고 솜을 뜯어 투입하면서 교반하는 장비

교반기에서 원심분리기로 옮겨 생칠 압착

정제기

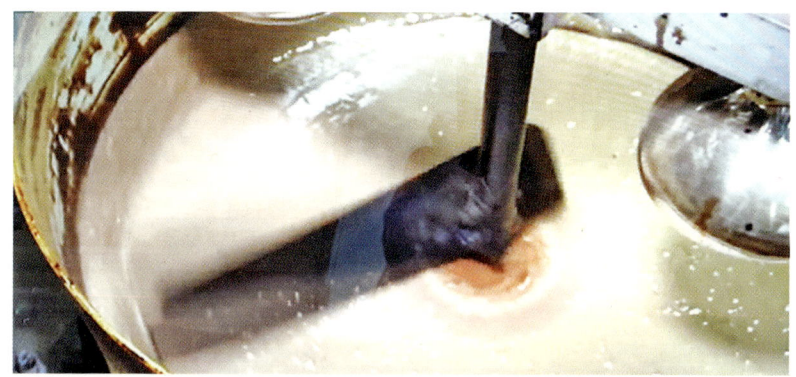

입자 고르기와 수분 날리기 중인 정제 과정

수분을 날리기 위해
사용하는
적외선램프

제2장 문화재에 사용되는 옻칠

일광(태양광)에서 정제하는 모습

1관용 소형 정제기

정제 옻칠

좌측 정제 옻칠 신문 글자가 보임 (우측은 생칠)

5. 옻칠의 화학 성분

옻나무 수피에 상처를 내면 흘러나오는 유백색 수액의 주성분은 우루시올이다. 대체로 우루시올(옻산) 비율은 약 60~70%이고 고무질 5~7%, 함질소물 2~3%, 수분 25~30%, 효소 0.2%로 이뤄져 있다. 옻칠의 질은 나무가 성장한 장소, 계절, 토양 상태, 채취시기에 따라 약간의 차이가 있다. 같은 성분이 함유되어 있어도 국가마다 건조 시간이 다를 수가 있다.

우루시올은 옻나무에서 채취한 옻칠의 지질 성분이다. 우루시올의 화학식은 $C_{21}H_{34}O_2$로, 구조식은 아래 표와 같다. 사슬의 C_{15}와 불포화 곁사슬을 가진 카테콜의 혼합물인데, 이 곁사슬의 불포화지방산 성분은 칠기의 고분자 경화과정에서 옻칠 도막을 고화(固化)하는 데 중요한 역할을 한다.

옻칠의 구성 성분	
아세톤에 녹는 성분	우루시올, 라콜, 팃시올
물에 녹는 성분	고무질, 라카아제
아세톤, 물에도 녹지 않는 성분	함질소 화합물
이외	물

한국과 중국·일본의 옻나무에서 채취한 옻칠(수액)은 우루시올(urushiol)이 주성분이이다. 이 우루시올의 화학구조는 벤젠환에 2개의 수산기(OH)를 갖는 카테콜(catechol)에 탄소원자 15개로 구성된 긴 지방산 곁가지(R)가 결합된 것이다. 곁가지에 있는 이중결합의 수와 결합 상태에 따라 다양한 우루시올 유도체가 존재한다. 대개 옻칠의 성분은 일정하게 유지하고 있어 곁가지 성분인 탄소원자(C)15개와 수소원자(H)26~31로 되어 있다. 수소의 숫자가 26에 가까울수록 양질의 옻칠이 된다. 타이완과 베트남 옻나무에서 채취한 옻칠은 2개의 수산기(OH)를 갖는 카테콜에 탄소원자 17개가 곁가지에 결합된 라콜(laccol)이 주성분이다. 미얀마 태국 캄보디아 옻나무에서 채취한 옻칠은 탄소원자(C) 수가 라콜과 같은 17개이나 곁가지 위치가 우루시올이나 라콜과 달리 아래쪽에 결합되어 있어 팃시올(thitsiol)이라는 주성분을 가지고 있다.

생칠은 지질 성분인 우루시올, 물에 녹는 고무질(다당류)과 라카아제(효소), 물과 유기용매에 녹지 않는 함질소 화합물(당·단백질)로 된 복합재료다. 이들이 상호작용을 하면서 옻칠은 상온상압과 높은 습도에서 고체로 변하게 되는데, 이 메커니즘은 상당히 복잡하다.

우루시올은 기름 속에 물 입자가 들어 있는 유중수적형(油中水滴型, Water in oil) 에멀션(乳狀液, emulsion)으로, 입자 직경은 10㎛이다. 즉 기름 상태로 분자구조 중에 벤젠핵을 가지고 있는데, 벤젠핵에 수산기(OH) 1개가 붙어 있으면 페놀(Phenol)이고, 수산기가 2개면 카테콜(Catechol)이다. 우루시올은 그림과 같이 카테콜에 곁사슬(R)이 붙어있는 모양을 하고 있어 카테콜의 유도체라 할 수 있다.

우루시올의 곁사슬은 네 종류인데, 모두 15개의 탄소(C)와 수소(H)가 결합되어 있다. 이중 세 종류는 이중결합(C=C)을 1~3개 포함하고 있다. 이것들의 분자식은 $C_{15}H_{27}$이다. 라콜은 우루시올과 거의 비슷한 분자구조를 가지고 있지만 곁사슬의 분자식이 $C_{17}H_{31}$라는 점만 다르다. 또 텃시올의 곁사슬 분자식은 같지만, 곁사슬에 붙는 위치가 하나 어긋난 형태를 하고 있다.

어느 쪽이든 곁사슬은 기름 분자구조와 유사해 이중구조를 함유하고 있어 건성유와 비슷한 작용을 한다. 보통 물과 기름은 시간이 지나면 분리되어 버리지만 이 경우 물에 녹아 있는 고무질(다당류)이 유화제 역할을 하고, 우루시올에 녹아 있는 함질소 화합물은 고무질이 유화되는데 도움을 줘 안정된 유중수적형 에멀션이 된다. 이처럼 옻칠은 자연계에서 만들어진 에멀션 도료다.

고무질은 옻칠성분 중 하나로 아세톤 또는 에탄올에 녹이면 분말상의 물질로 된다. 물에 잘 녹는 성분이다. 분자량은 27,700과 84,000 두 종류 다당 성분 혼합물로 아라비노스(arabinose), 갈락토스(galactose), 람노스(rhamnse), 글루쿠론산(glucuronic acid), 4-O-메틸글루쿠론산으로 이루어진 산성 다당 혼합물이다. 옻칠용액의 에멀션상태를 안정하게 관여하고 있다.

그리고 고무질 성분은 옻을 칠할 때 탄력을 좋게 하고 옻칠도막을 고르게 퍼지게 한다. 옻칠은 수분이 없으면 경화시간이 늦어지고 옻칠

한국과 일본의 옻칠 성분			
한국		일본	
원주 옻칠 성분	우루시올 68% 고무질 4.6% 함질소 화합물 9.6% 수분 27% pH 3.9 라카아제 0.23%	일본	우루시올 66~76% 고무질(다당) 5~7% 함질소 화합물(당단백질) 3~5% 물 18~26% 라카아제 미량
이북 태천 옻칠 성분	우루시올(옻산) 83.22% 고무질 4.00% 함질소 화합물 1.57% 수분 11.70%	일본	우루시올 60~65% 고무질 5~7% 함질소 화합물 2~3% 효소 0.2% 수분 25~30%
출처 연구책임자 노정관, 진주산업대학교 "옻칠 품질 등 기준 및 기능성 신소재개발" 2008.		출처 宮腰哲雄, 漆学、明治大学出版会 2016. 5 山本勝巳, 漆百科, 丸善出版 2011. 4. 30	

도막이 제대로 형성하지 못한다. 그래서 고무질 안에 있는 라카아제(효소)는 옻칠도막을 건조(경화)시키는데 없어서 안 되는 중요한 물질이다.

함질소물은 옻칠에 아세톤 또는 에탄올로 녹이면 분말상태로 된다. 물에는 녹지 않는 성분이다. 당질과 단백질로 이루어진 당단백질로 단맛이 난다. 옻칠수액에 우루시올·고무질·물 등 부유(浮遊)상태로 에멀션(emulsion 유화액 乳化液)상태로 안정하게 분산되어 유지하도록 하는 물질이다.

라카아제(laccase)효소는 우루시올의 산화효소로 폴리페놀 산화효소(polyphenol oxidase)에 속한다.

라카아제(효소)는 고무질과 함께 물에 녹아 우루시올을 산화시킨다. 라카아제와 우루시올은 쉽게 접촉을 할 기회가 있어야 하는데 라카아제는 물에 녹는 성질을 갖고 있어 기름상태의 우루시올에 쉽게 접촉을 할 수가 없다. 이것을 해결해 주는 것이 고무질(다당류)이다. 고무질은 효소를 함유한 채로 물에 녹아 물방울이 되어 우루시올 안으로 분산된다. 그리고 또 하나의 함질소물(糖蛋白 당단백)이 우루시올 안에 녹아있어 라카아제 분산을 도와준다. 옻칠이 건조(경화)되어 도막을 형성하기 위해서는 고무질과 함께 있는 라카아제(효소) 용해되어 건조작용을 할 수 있도록 옻칠 건조장안의 습도 60~80% 온도18~25℃ 정도의 환경을 만들어 준다.

옻칠의 주성분인 우루시올 화학구조식은 아래 표와 같다.

각국의 옻칠 비교	
한국·중국·일본 ◇ 우루시올(옻산) - 주성분 : 우루시올	OH, OH, $C_{15}H_{27}$
베트남·타이완 ◇ 안남(安南) 우루시올 - 주성분 : 라콜	OH, OH, $C_{17}H_{31}$
태국·미얀마·캄보디아 ◇ 버마(미얀마), 캄보디아 우루시올 - 주성분 : 팃시올	OH, OH, $C_{17}H_{31}$

6. 옻칠 건조(경화)

일반적으로 수분이 증발하면서 마르는 것을 건조라 한다. 그러나 옻칠의 경우 반대로 수분과 산소가 있어야 건조가 된다. 옻을 칠한 기물은 습도가 높은 장소에서 고체 형태로 변하게 되기 때문이다.

양질의 옻칠을 만들기 위해선 건조 과정이 중요하다. 액체 상태에서는 독소를 발산하기도 하고, 건조가 제대로 이뤄지지 않으면 용도에 맞게 사용할 수 없기 때문이다. 게다가 일반 세탁물 건조 방식과는 달리 매우 까다로운 공정을 거쳐야 한다.

1) 건조 조건

옻칠 건조를 위해서는 적당한 온도와 습도가 필요한데, 보통 온도 20~25℃, 습도 75~85%가 적당하다. 습도가 높을수록 습기가 증발하면서 생기는 산소가 옻칠에 공급돼 빠르게 건조된다. 그리고 옻칠은 상온 4~0℃ 이하가 되면 건조되지 않는다. 적정 온도에서 건조되다가 40℃ 이상 되면 다시 건조가 멈춘다. 그 다음 약 80℃ 정도에서도 건조가 정지되다가 그 이상 온도가 상승하면 다시 건조되기 시작한다. 오랜 시간 옻칠 작업을 해야 하는 경우 이 방법을 잘 이용해 보는 것도 좋다.

2) 건조 원리

그렇다면 옻칠은 왜 습도가 높은 장소에서 건조될까? 이는 옻칠 속 고무질의 라카아제(효소) 작용 때문이다. 옻칠이 건조되려면 라카아제가 공기 중에 산소를 받아들여 주성분인 우루시올을 산화해 액체를 고체로 만들어야 한다. 이 작용이 충분하게 발휘되느냐에 따라 건조 속도가 달라지므로, 라카아제가 왕성하게 작용할 수 있는 환경을 만들어 산화중합반응을 촉진시켜야 한다.

라카아제가 왕성하게 작용하려면 수분이 많은 장소가 필요하다. 라카아제는 탈수소효소이기 때문에 우루시올의 수산기(-OH)가 수소를 받아 산화되면서 우루시올이 퀴논(Quinone)으로 변하는 것이다.

라카아제 안에는 구리이온이 함유되어 있어, 옻칠에서 효소를 분리하면 남색의 구리(銅)가 나온다. 원래 2가 구리이온(Cu2+)인데 우루시올에 산소를 전달하고(우루시올 산화) 자신은 1가 구리이온(Cu+)으로 바뀐다. 이것을 환원구리라 한다. 결국은 환원과 산화가 반복되는 구조인 셈이다. 이를테면 라카아제는 산소를 운반하는 역할을 담당해 산화와 환원이 반복적으로 일어나고, 이렇게 우루시올은 산화되면서 미세망목상의 고분자로 바뀌면서 경화되는 원리다. 그리고 이 산화중합반응을 촉진하는 조건이 바로 습도와 온도다.

3) 건조 시간

보통 5~6시간 정도 지나면 옻칠이 건조되는데, 이는 작업 환경 조건에 따라 약간 차이가 있다. 여름철엔 대체로 건조가 빠르며 겨울은 상대적으로 느리다. 특히 사계절 중 장마철에 가장 빠르게 건조되며, 20~30분이면 충분하다. 작업 환경 외에도 우루시올의 함유 상태, 채취 방법, 정제 옻칠 종류 등에 따라 품질에 차이가 나타나며, 옻칠은 수분을 통해 건조되기 때문에 밀폐용기에 보관하면 건조되지 않는다.

옻칠 도막 표면을 손으로 가볍게 만졌을 때 끈적하게 묻지 않아도, 아직 완전 건조가 되지 않은 상태로 산화반응이 진행 중일 수 있어 조심해야 한다. 이후 옻칠 도막이 완전히 건조되었다고 판단되었을 때 경화되었다고 말할 수 있다.

4) 다양한 건조 조절 방법

옻칠 건조에 대한 메커니즘을 알면 원하는 건조 시간을 조절할 수 있다. 좀 더 빠르게 건조하려면 라카아제 작용이 왕성한 갓 채취한 옻칠이나 양질의 옻칠을 섞어 사용하는 방법이 있다. 실제로 이 방법을 많이 사용하고 있고, 좋은 결과를 얻을 수 있다. 일본의 경우 국내산 생산량이 줄어들어 저품질 수입 옻칠에 건조제를 넣기도 한다. 보통 맛술, 글리세린, 꿀, 콩물 등을 건조제로 사용한다. 최근에는 화학약제로 초산암모니아 용액이 가장 많이 사용되고 있으며 그 다음은 구리암모니아 복염이 많이 쓰인다. 그리고 토회칠 건조에는 연단(납 산화물), 과산화망간, 초산망간 등이 사용된다. 단 적정 첨가량이 맞지 않으면 광택이 죽거나 변색이 발생해 나쁜 결과를 초래할 수 있어 주의해야 한다.

일본 칠공예 최고권위자 松田權六는 '화학 건조제보다 적정량의 물을 혼입하면 효과를 올릴 수 있고, 아니면 물보다 술(정종)을 섞어주는 것도 좋다고 한다. 옻칠에 술을 한잔 먹이면 빠르게 건조된다. 물보다 술이 더 산소 공급을 왕성하게 하기 때문이다. 화학약제를 조작해 건조를 촉진시키는 방법에 비해 피해가 적어 좋은 결과를 얻을 수 있다. 다른 방법은 옻칠에 술을 직접 섞지 않고 술을 분무한 밀폐용기 안에 옻을 칠한 기물을 넣어 건조를 한다'고 말했다. 이 방법은 참고로 알아두기 바란다. 결과적으로 건조의 가장 좋은 방법은 양질의 옻칠을 사용하는 것이고 건조 온도와 습도를 조절하는 것이다.

옻칠 건조장

제2장 문화재에 사용되는 옻칠

7. 금속표면 옻칠 고온열처리 경화

구리판에 옻을 칠해 고온열처리한 시험편
상: 생칠+석분, 중: 구리판, 하: 투칠
(2003년경 加藤 寬로부터 받은 자료)

옻칠 공예품을 제작할 때 일반적으로 상온과 고습도 환경에서 효소반응을 통해 옻칠 도막이 견고하게 굳는다. 앞에서 언급한 것과 같이 라카아제는 온도가 50℃ 이상 상승하면 건조 활동이 멈춘다. 그러나 150℃ 이상의 열로 가열하면 우루시올이 자연산화반응과 열중합반응을 일으켜 경화된다.

이러한 고온열처리 경화방법은 고대부터 갑옷, 투구 등 철기의 녹을 방지하기 위해 사용되었다. 고온열처리 시 옻칠 도막에 옻 냄새가 남지 않는다는 장점이 있고, 상온에서 경화시킨 옻칠 도막보다 금속에 대한 접착성이 뛰어나 옻칠 금속공예작품에 응용해볼 만한 기법이다.

실제로 녹을 깨끗히 제거한 다음 옻을 칠해 약 30분 정도 고온열처리하면 경화되는데, 이렇게 건조된 옻칠 도막은 매우 견고해 내구력이 좋다. 또 옻칠에 구운 미세 토분을 적당량 첨가해 고온열처리하면 더욱 단단해진다. 고온열처리 경화는 금속에 옻칠 도장할 때 사용되며, 모든 칠기에 적용되는 것은 아니다. 납이나 주석의 경우 열처리를 하지 않아도 옻칠의 밀착성이 좋다. 옻칠 금속공예작품에 응용해 볼만한 기법이다.

8. 강한 옻칠 도막

옻칠 도막은 놀라울 정도로 견고해 몇천 년이 지나도 그대로다. 황산, 질산, 수산화나트륨과 같은 강산, 강염기는 물론 금이나 백금을 녹이는 왕수에도 거의 영향을 받지 않는다. 또 물에 상당히 강하다. 낙랑 유적에서 출토된 칠기는 2천여 년간 흙탕에 침적되어 있었으나 옻칠 그 자체는 조금도 변화가 없었다.

옻칠 도막이 이렇게 강인한 이유는 우루시올 중합체의 분자량이 2~3만 개나 되는 고분자화합물이기 때문이다. 또 우루시올의 분자 간의 결합이 삼차원 그물망(網目狀)으로 연결되어 있어 더욱 견고하다. 또 다른 이유는 옻칠 도막을 만드는 입자구조다. 건조된 옻칠 도막의 우루시올 입자는 고무질의 얇은 막으로 감싸져 있기 때문에 산소가 차단되어 우루시올이 산화되지 않도록 노화를 막아준다.

그러나 이와 같은 견고성을 가진 옻칠도 결점을 가지고 있다. 다름 아닌 자외선에 약하다는 것이다. 옻칠 도막이 옥외에 장시간 노출되면 광택이 없어지고 풍화되어 분필 가루처럼 뿌옇게 흐려지고 무게도 감소한다. 이것은 자외선에 의해 옻칠 도막 일부가 휘산(揮散, 액체가 기체로 변해 흩어지는 현상)되면서 고분자구조의 파괴로 인해 일어나는 현상이다.

9. 자외선에 약한 옻칠

옻칠은 내구성·내약품성이 탁월해 고대부터 천연도료와 접착제로 사용되어 왔다. 천연·인공도료 중 가장 완벽하다고 불릴 정도로 우수한 옻칠도 사실 자외선에 약하다는 결점을 가지고 있다. 옻칠로 만든 제품이나 건축물이 강한 햇빛에 장기간 노출되면 서서히 열화되면서 미세 요철(凹凸)이 생기기 때문이다. 이후 열화로 벗겨진 도막층 속 다당류와 당·단백질 입자가 빗물에 닿으면 백색 분말이 된다.

또 옻칠 제품은 건조한 환경에서도 약하다. 평균 습도 40% 이하의 환경에 장기간 노출되면 옻칠 공예품이 파손되는 경우가 있다. 백골로 사용된 목재의 함수율이 떨어지면서, 백골 구조에 변형이 일어나 옻칠 도막에 균열이 생기고 박락·박리 현상이 일어나기 때문이다.

10. 옻 염증 원인

옻이 오르거나 옻을 타는 현상은 옻이 건조되는 과정에서 생긴다. 완전히 건조되지 않으면 옻산이 휘발해 염증을 유발하기 때문이다. 완전 건조되지 않은 옻칠이 피부에 묻으면 피부에 물집이 생기는데, 이것을 '옻이 올랐다' 또는 '옻 탔다'고 말한다. 이 현상은 미생물과는 관계가 없고, 생물체 물질과 관련 있다.

우루시올과 단백질, 관련 물질의 반응으로 우리 몸엔 항원이 생기는데, 이 단계에서 가려움증이 나타나진 않는다. 하지만 우루시올이 랑게르한스(Langerhans) 세포로 흡수되어 임파절로 전달된 다음 새로운 외래항원이 들어오면, 임파구와 반응해 피부에 염증이 생기는 것이다. 민감한 사람의 경우 우루시올 농도 0.01~0.002%만으로도 옻이 오를 수 있다. 보통 접촉 24~48시간 후에 초발 증상이 일어나기 때문에, 의

沖繩 首里城 正殿 2019년 7월 9일 모습(옻칠 단청)
(2019년 2월 수리 및 정비 완료, 2019년 10월 31일 화재로 전소)

강열한 자외선으로 편액 열화된 모습, 옻칠한 편액

제2장 문화재에 사용되는 옻칠

새롭게 채색한 편액 　　　　　　열화된 편액, 자외선이 닿지 않는 상부는 양호

학적으로 이 현상을 지연형 알레르기성 접촉성 피부염이라고 한다.

　옻칠을 처음 접촉하면 대부분의 사람들은 옻을 탄다. 그러나 일상적으로 옻을 다루는 장인들은 내성이 생겨 옻을 타지 않는다. 또 제작된 기물이 완전히 건조됐다고 생각하고 사용했다가 옻이 오르는 경우가 많은데, 이는 옻이 완벽히 건조되지 않았기 때문이다. 보통 증량제나 혼합물이 많이 함유되어 있어 빠르게 건조되는 것을 방해한다. 양질의 옻칠은 아무 것도 첨가하지 않아 하룻밤 사이 완벽하게 건조되어 옻 오르는 일이 없다.

　옻으로 인한 가려움을 방지하거나 치료제는 없지만, 옻칠이 묻었을 경우 먼저 그 부위를 올리브유나 식용유로 닦아 낸 다음 비누로 깨끗하게 씻어주면 효과가 좋다. 예부터 내려오는 민간요법도 있는데, 한국은 소금물로 씻어내거나 상수리 잎을 끓여 씻어내는 방법을 사용해 왔다. 일본에서는 비단 게(沢蟹, 민물 게)를 찧어 환부에 바르면 효과가 빠르다고 전해진다. 이외에도 바닷물, 붕산, 삼나무 잎 등을 활용한다. 현대 의학계에선 수산화칼륨 1g, 글리세린 10㎖, 에탄올 30㎖, 물 60㎖로 제조한 약제를 바르면 예방과 치료에 효과가 있다고 추천한다.

11. 백골 재료

옻을 칠할 때 바탕이 되는 골격을 옛부터 백골이라 불렀다. 백골은 기물의 기본 형태를 만드는 데 아주 중요한 공정 중 하나다.

옻칠 도료를 칠할 때 골격이 되는 바탕 재료는 보통 목재를 많이 사용하고, 그 외에 대나무, 종이, 천, 가죽, 금속, 도자기 등의 재료들을 쓰기도 한다. 이때 대나무를 잘게 쪼개어 짠 바탕에 옻칠한 것은 죽태(竹

종류별 백골 재료	
목태칠기	나무
남태칠기	대나무
금태칠기	금속
도태칠기	도자기
건칠	옻칠로만 굳혀 만든 기물

胎)칠기라 하지 않고 남태칠기라 한다. 또 가죽에 옻을 칠하면 피태칠(皮胎漆)이라 한다. 천을 재료로 하면 포태(布胎)라 하지 않고, 건칠(乾漆)이라 부른다.

한국에서 출토된 백골 목태칠기는 광주 신창동(삼한시대) 파문원형 칠기, 창원 다호리 칠기 등이 있다. 남태칠기는 창원 다호리 1호 널무덤(삼한시대)에서 옻을 칠한 소쿠리 테(漆簞箍)가 출토되었고, 금태칠기는 철제 갑옷 및 투구에 옻을 칠했을 가능성이 있다. 도태칠기는 초기 철기시대 유물로, 안동 가곡리 1호 널무덤에서 출토되었다. 건칠은 봉화 청량사 건칠약사여래좌상(통일신라 말~고려 초), 해인사 희랑조사(고려 전기), 영덕 장육사 건칠보살좌상(1395년), 낙산사 건칠보살좌상, 경주 기림사 건칠보살좌상(1501년) 등이 있다.

12. 채칠(채화)의 종류

생칠이 정제과정을 거치면 반투명색의 옻칠인 정제 옻칠이 된다. 여기에 안료를 혼합하면 여러가지 색을 낼 수가 있다. 안료는 물이나 기름 등의 용제에 녹지 않는 착색용 분말을 뜻하며, 녹는 것은 염료라 부른다. 특히 식물계 염료는 식물의 열매, 꽃, 뿌리 등에서 추출한 착색용 분말로, 발색이 좋아 여러 색을 낼 수 있으나 옻칠에 섞으면 화학반응이 일어나 검게 변하여 채칠로 사용할 수 없다. 따라서 옻칠에 혼합해 사용하는 안료는 광물성 안료만 사용 가능하다. 천연안료만 사용할 수 있었던 시대에는 흑색, 적색, 황색, 녹색 등 한정된 색만 이용했다.

1) 흑색 안료

흑칠을 만드는 방법은 두 가지가 있다. 옻칠에 쇳물(쇳조각을 초에 넣어 만듦)을 넣어 검게 변하면 사용하는 방법이 있고, 먹을 만들 때 쓰이는 송연과 유연을 넣는 경우도 있다. 또 옻칠을 태운 검댕이 가루를 정제 옻칠에 섞어주면 진한 흑색이 된다.

(1) 흑칠

생칠에 철을 넣으면 철이 산화되면서 흑색으로 변한다. 생칠이 함유한 수분과 철이 반응하면 수산화철이 되고, 그 다음 옻칠의 주성분인 우루시올과 반응해 우루시올철염이라는 흑색물질로 변하는 것이다. 그래서 수분을 제거한 정제 옻칠에 철을 넣으면 흑색으로 변하지 않는다. 대신 수산화철로 변하기 쉬운 철분을 생칠에 하루 정도 혼입하고, 다음날 정제작업을 하면 진한 흑칠로 변한다. 흑칠을 만드는 철은 산화제1철(FeO)로, 이와 반응하면 정제 옻칠이 검게 변한다.

똑같은 동양의 옻칠이라 해도 동남아시아 옻칠은 진한 흑색인데, 동아시아는 회갈색이다. 그래서 철분이나 송연, 유연을 혼합해 인위적인 흑색을 만들기도 한다. 이 색은 오랜 세월이 지나게 되면 다시 다갈색으로 변색되는 경우가 많다. 그러나 동남아시아 옻칠은 몇 백 년이 지나도 변하지 않고 흑색을 유지한다.

2) 적색 안료

붉은색을 만드는 안료의 성분은 2종류가 있다. 하나는 고대부터 사용한 황화수은이며, 또 다른 하나는 산화철(석간주)이다.

(1) 황화수은

이 붉은색 안료는 화산지대에서 채취할 수 있으며, 수은광맥에 유황을 함유한 지층이 마그마의 강한 압력과 고열로 인해 화학반응이 일어나 붉은색을 띠게 된 암석이다. 지하온도가 높은 장소에서는 수은이 가스 상태인데, 이때 갈라진 지표 틈 사이로 가스가 뿜어져 나오면서, 흙의 유황과 만나 선명한 적색 안료가 만들어지는 것이다. 이것을 분쇄

진사(사진자료 (주)가일전통안료)

진사 Cinnabar

하여 만든 분말이 진사(朱)이며, 화학반응 시 가해지는 압력과 온도가 높을수록 비중이 무거워져 짙은 진홍색이 된다.

진사에 함유된 수은으로 인한 수은중독을 걱정할 수도 있으나 안심해도 된다. 수은증기가 호흡기관에 흡입될 때 인체에 영향을 주기 때문에, 황화수은의 진사는 안전한 화합물질이다. 만약 그릇 내측에 칠해진 주칠(朱漆)이 녹는다고 해도 건강을 해칠 정도의 수치는 아니고, 설령 나온다고 해도 아주 극미량이다.

진사는 수은과 유황이 화합해 만들어진 것으로 색이 아주 선명하다. 이 천연광물로 가루를 만들기 때문에 광물 자체도 붉은색을 띤다. 적철광으로 만든 적색은 함유하고 있는 철분이 산화되면서 만들어져 검붉은 철녹색이다.

(2) 수은의 독성

수은은 독일까, 약일까. 수은은 크게 무기수은과 유기수은으로 나뉜다. 무기수은은 체내에 들어가면 거의 배설되고, 유기수은은 체내에 축적되어 신경으로 침투해 위험성이 높다. 또 수은은 25℃ 정도에서 수증기로 날아가는데, 이를 흡입하면 급성중독을 일으킨다. 황화수은은 무기수은이지만 물을 만나고 열이 가해지면 유기수은으로 변화할 수 있어 제조를 담당하는 종사자들이 주의해야 한다.

고대 중국에서는 도사가 부리던 기술 중 하나로, 신진대사를 활발하게 해준다고 믿고 진사를 가지고 불로불사(不老不死) 약을 만들려는 연단술(煉丹術)이 있었다. 또 살균 효과가 좋아 지금도 피부염 치료 연고 등에 사용되고 있다. 실제로 진사를 건물에 칠하면 잘 썩지 않는 이유는 수은의 방부효과 때문이다.

"ふでばこvol18 特輯 朱(あか) 「あかの事典、あかの原料에서 인용」"

(3) 산화철(석간주)

광물명은 적철광이고, 화학 성분은 삼산화이철(Fe_2O_3)이다. 천연의 적철광을 사용하는 경우와 함수산화철을 소성해 사용하는 경우가 있고 약간 검은 적색을 띈다. 앞에서 언급한 흑칠은 산화제1철(FeO)과 반응해 검은색으로 변하는 반면, 산화제2철은 안정된 분자구조를 가지고 있어 적갈색을 띈 붉은색으로 나타난다. 공업적으로는 석간주(벵갈라)라고도 한다.

석간주

적철광
Hematite

(4) 연단

연단은 인조안료로, 화학 성분은 사산화삼납(Pb_3O_4)이다. 오렌지색이나 적색을 띠며 연백 등 납산화물에 강한 열을 가해 제조한다.

웅황　　　　　　　　　　　연단(광명단)

옻칠 안료				
색상	안료 명칭	조성	안료 색상	옻칠과 혼합 시 색채
적색	진사	HgS	붉은색	주색
	산화철	Fe_2O_3	적갈색	붉은색
	연단(광명단)	Pb_3O_4	적황색	적황색
흑색	철	Fe		검은색
	그을음(油煙)	Carbon		검은색
황색	석황	As_2S_3		황토색
	자황			담황색
녹색	쪽	Indigo		녹색
청색	군청	$CuCO_3·Ca(OH)_2$		녹색
백색	이산화티탄	TiO_2		아이보리색

3) 황색 안료

황색 칠을 만들 때 주로 석황, 자황 등 비소계 광물안료를 사용한다. 석황의 화학성분은 삼황화이비소(As_2S_3)고, 일본 나라시대(奈良時代)의 명칭은 자황(雌黃)이다. 수은계의 진사와 더불어 비소라는 위험한 안료지만, 과거엔 색이 들어 있는 광물이 한정되어 있었기 때문에 어쩔 수 없이 사용해야만 했을 것이다. 실제로 채칠 칠기 파편(부여 능산리사지에서 출토)에 그려진 여섯 잎의 꽃문양에서 석황 안료를 사용했다는 사실을 과학적 조사로 확인했다. 참고로 현재 일본에서는 색칠 시 비소계 안료 사용은 모두 금지된 상태다.

석황 Orpiment

자황

4) 녹색 안료

녹색 칠에 사용하는 석록은 공작석(Malachite) 광물로 제조한 무기계 녹색 안료다. 광물명은 공작석이며 화학성분은 염기성탄산동($CuCO_3 \cdot Cu(OH)_2$)이다. 안료 입자의 입도 차이에 따라 진한 색과 옅은 색을 띈다. 이외에도 황색 안료에 청색 안료를 섞으면 녹색 칠의 색을 낼 수 있다.

공작석 Malachite

석록

5) 청색 안료

구리산화물의 일종인 남동석(Azurite)을 분쇄하여 분말로 만든 안료로 청색 칠을 만들 수 있다. 공기에 노출되면 산화되면서 남색으로 변하고, 감색의 칠로 쓰일 때도 있다. 이 감색 옻칠에 황색 옻칠을 적당한 비율로 섞으면 녹색의 옻칠이 된다. 광물명은 남동석으로, 화학성분은 염기성탄산동($2CuCO_3 \cdot Cu(OH)_2$)이다.

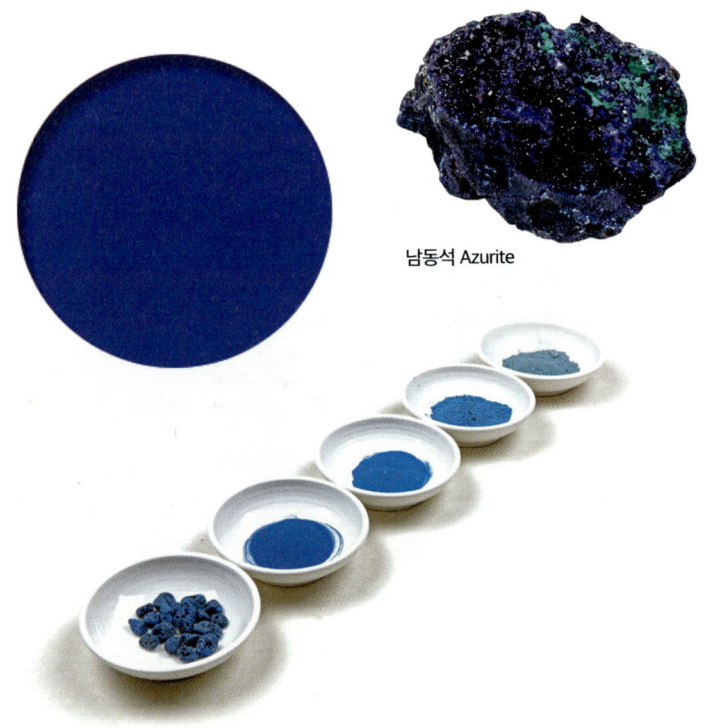

남동석 Azurite

6) 백색 안료

과거 채칠을 할 때 백색을 내는 것은 매우 어려웠다. 옛 장인들은 백색의 옻칠을 만들기 위해 호분(패각으로 만든 백색 안료)이나 연백(백색 안료) 분말을 옻칠에 섞었으나, 화학반응으로 인해 검은 색을 띠면서 백색 옻칠을 만들어내지 못했다. 해결책은 건성유와의 혼합이었다. 다른 색깔도 어려웠지만 특히 백색을 만들기까지 꽤나 고생했을 것이다. 현재는 백색을 만들 수 있는 산화티타늄 분말 안료가 등장해 대부분 이를 사용하고 있다. 20세기 새로운 금속인 티타늄이 만들어졌는데 순수 티타늄을 만들고 남은 산화화합물을 기반으로 한 산화티타늄 분말을 옻칠에 섞으면 백색으로 굳는다.

13. 캐슈수지 도료

1948년 7월 삼정화학(三井化學)은 페놀을 원료로 미쯔이칠(三井漆) 솔리다이트(SOLIDITE B22)를 개발, 생산했으나 1951년에 생산을 중단했다. 이 솔리다이트에 이어 등장한 캐슈가 현재까지 옻칠대용 도료로 사용되고 있다. 이는 1949년 각종 도장시험을 거쳐 1951년부터 본격적으로 대용 옻칠로서 사용되기 시작했다.

캐슈수지 도료(이하 캐슈도료)의 원료는 캐슈나무 열매 껍질에서 추출한 캐슈 액(Cashew nut Shell Liquid)이다. 옻칠과 유사 구조인 페놀유도체로, 염증(가려움)을 유발하는 성질을 가지고 있으며, 가열하면 염증 원인이 되는 물질이 분해되어 카르다놀(Cardanol)을 생성한다. 여기에 페놀,

멜라민, 요소 등을 첨가한 다음 포름알데히드(수용액이 포르마린)로 축합해 만든 것이 캐슈도료다.

이 캐슈도료의 주성분은 캐슈오일에 함유된 카르다놀 수지성분이다. 카르다놀은 캐슈넛 가공부산물인 캐슈넛쉘 액체의 주성분인 아나카드산에서 얻은 페놀성 지질이다. 불건성유 모노머(Monomer)이며, 가열을 해도 건조되지 않는 성질을 가진 오일이다. 건조되지 않으면 도료로서 부적합하기 때문에, 카르다놀에 건조제를 넣어 모노머를 폴리머(Polymer)로 바꿔 주어야 한다.

캐슈도료의 건조성을 촉진하기 위해서는 Co, Mn, Zn 등 금속염을 조합하거나 테트라 부틸 티타네이트(Tetrabutyl titanate) 등 알콕시(Alkoxy) 화합물의 가교제에 의한 방법, 우레탄화에 의한 방법 등을 활용할 수 있다. 그래서 사람이 먹는 그릇, 즉 입으로 들어가는 용도의 기물에 사용하는 것은 부적합하다.

이후엔 캐슈도료 특유의 냄새를 제거한 1액형 유성 합성칠 도료(一液型油性合成漆塗料)로 폴리사이트(Polycite)가 개발되어 1959년부터 판매하기 시작했다. 또 옻칠과 아주 유사한 에폭시 변성 캐슈도료(주제, 경화제 4:1, 희석제는 신나)가 개발되기도 했다. 보통 캐슈도료와 폴리사이트 도료를 혼돈하는데, 둘 다 주원료는 앞에서 언급한 캐슈나무 열매껍질에서 추출한 카르다놀 도료다.

캐슈가 1960년대에 전 세계적으로 알려지면서, 국내에선 천연옻칠 대신 캐슈도료 사용이 유행되기 시작했고 문화재 불상 등의 개금에 사용됐다. 국가 시·도 문화재를 보존처리할 땐 당연히 천연도료인 옻칠로 개금해야 하는 것이 마땅하나, 천연 옻칠보다 작업성이 편리하고 가격이 저렴하다는 이유로 전통재료인 옻칠을 쓰지 않고 캐슈도료로 금박을 붙이는 건 절대 바른 일이 아니다.

문화재를 보존처리할 때 전통재료를 사용하지 않고 유사재료를 사용하는 것은 처리 원칙의 기본에도 어긋나는 발상이고, 이에 전통재료 전통기술이라는 용어를 써서도 안 된다. 여기에 소개한 옻칠 대용 도료는 우리 문화재 보존처리에 절대로 사용해서는 안 되는 재료다.

화학도료 캐슈와 폴리사이트

14. 천연 옻칠도료와 화학 캐슈도료의 차이점

천연 옻칠도료와 화학 캐슈도료의 가장 큰 차이점은 '효소의 유무'다. 옻칠에는 우루시올을 산화 중합해 건조시키는 효소가 함유되어 있는데, 캐슈도료에는 이 작용을 하는 효소가 들어 있지 않다. 인공 옻칠을 제조하기 위해서는 이처럼 주성분을 산화 중합해 건조시켜 줄 산화제가 필요하다. 산화제는 망간 등 금속류로, 도료 속에 혼입되어 있다. 그래서 캐슈도료는 1액형 도료다.

캐슈도료는 옻칠에 비해 칠하기 간편하다. 붓으로 칠하거나 스프레이로 분무해도 도장이 가능하기 때문이다. 캐슈도료가 천연 옻칠과 또 다른 점은 상온에서도 건조가 된다는 점이다. 건조되는 동안 먼지만 잘 신경 쓰면, 칠한 상태 그대로 방치해두기만 해도 문제없이 경화된다.

캐슈도료는 상온에서 15~20시간 정도면 건조된다. 다른 합성수지에 비교해 건조 시간이 긴 편이지만 옻칠과 비교하면 짧은 편이다. 또 최근엔 더 빨리 건조되는 2액형 캐슈가 개발되기도 했다.

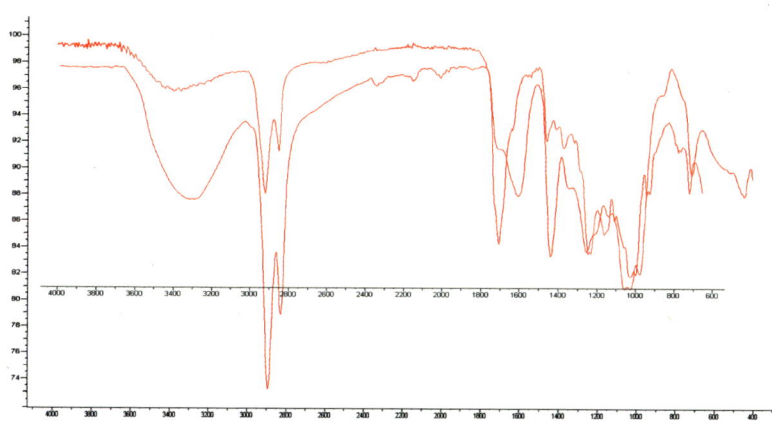

옻칠과 캐슈의 적외선 분광 분석 비교 그래프

종 류	표면장력 Dyne/㎠	접촉각(공기)
옻 칠(無油)	37.1	27
캐슈수지 도료	25.9	14
폴리우레탄도료	28.9	-

(TSUTSUMIASAKICHI/URUSHI 제공)

제3장

문화재 보존처리의 원칙

옻칠 공예품은 단순 미술 공예품이 아닌 학술·자료적 관점에서 문화재 보존처리 원칙이 정해져야 한다. 즉 현재의 상태에서 더 이상 손상되지 않도록 유지 보존해 후세에 전해져야 한다는 뜻이다. 여기서 언급한 '유지 보존'은 모양이나 형태뿐 아니라 문화재가 가진 특성, 미적·학술적 가치를 유지하는 것을 의미한다.

1. 올바른 처리의 기본

처리할 때 새로운 요소들을 추가하는 행위는 최대한 피하고 최소한의 처리가 이루어지도록 노력하는 것이 중요하다. 그리고 무엇보다 정성을 다하는 자세가 필요하다. 처리의 기본은 오염물 제거, 백골 강화, 옻칠 도막, 박락 막기, 그리고 상태에 따라 부분적으로 처리하는 것이 전부다.

오랜 세월 동안 발생한 자연의 고색 먼지, 그을음은 세월의 오염물이다. 그리고 경년 변화로 생긴 옻칠 도막의 변색, 미세한 균열, 열화 현상에 의해 만들어진 무광택 상태는 옻칠 표면을 미묘한 질감으로 변화시켜 이 자체가 역사적 흔적을 말해주는 하나의 정보이기도 하다. 몇 군데 결손 부위가 있다면 보존처리를 통해 문화재의 미적 가치를 원래대로 되돌리는 경우도 있지만, 아무 근거 없이 진행하는 서툰 보존처리는 오히려 문화재가 가진 가치를 떨어트릴 수도 있어 조심해야 한다.

2. 올바른 처리 방침 결정

옻칠 공예품의 손상 정도는 다양하다. 만약 문양이 없는 것으로 보이는 옻칠 표면에 오랜 세월 쌓인 먼지나 추후 잘못된 처리로 인해 나전문양이 보이지 않고 은폐되어 있을 경우, 문양을 되살리는 것이 우선이다.

어디까지 처리할 것인지는 소유자의 이해와 처리감독관(자문위원)의 식견, 처리자의 기술력에 따라 결정된다. 충분한 협의를 통해 합의점을 찾은 다음 시행하는 것이 중요한 관건이다. 따라서 옻칠 공예품을 처리할 때 '현재의 상태를 유지한다'는 원칙을 세워 처리를 하되, 획일적인 처리는 지양하고 각 문화재가 가진 성격과 형태, 손상 상태, 과거 처리 이력, 추후 보존과 활용에 대한 방향 등을 종합적으로 감안하여 처리방침을 결정한다.

3. 올바른 처리 마무리 방법

손상된 옻칠 공예품의 마무리 방법으로는 크게 '현상유지를 기본으로 하는 처리방법'과 '수리복원을 포함한 처리 방법'으로 구분할 수 있다. 어느 방법으로 처리할 것인지는 상당히 어려운 선택이다.

1) 현상유지를 기본으로 하는 처리 방법

지정문화재 및 그에 준하는 문화재에 적용되는 방법이다. 현재 상태를 그대로 유지하는 것이 원칙이지만 전체의 조화와 물리적·구조적 안정성을 고려해 부분적 처리와 그 근거가 명확할 경우 복원을 진행하는 처리법이다. 또 올바르지 않게 처리하였거나 서툰 처리, 제작 당시의 옻칠 표면에 덧칠이 되어 있을 경우 처리된 부분을 제거하고 원상태로 되살리는 방식으로 처리한다.

현상유지 처리 방법 중 '본격적 현상유지 처리 방법'이 있는데, 이는 대상 문화재의 손상 상태가 아주 심할 때 실시한다. 부분적 처리로는 부족하고, 그렇다고 본격적 수리복원를 시행하면 전혀 다른 문화재로 변하게 되어 미적 가치를 떨어뜨릴 수도 있는 상황이다. 이런 경우엔 물리적·구조적 안정성 유지를 최우선으로 두고, 전체적인 조화와 미관이 다소 희생되더라도 현상유지를 위해서 그대로 남겨두는 것에 역점을 두는 방법이다.

2) 수리복원을 포함한 처리 방법

손상·결손 부분의 형태와 도칠, 장식 부분을 제작 당시 모습 그대로 복원하는 방법이다. 처리 부위가 작을 경우는 문제되지 않지만, 부위가 큰 경우는 이것으로 인해 원래의 멋이 떨어지는 상황도 있다. 무엇보다 장식복원 등은 새로운 현대적 요소가 추가되면 후세에 잘못된 정보를 전해질 수 있기 때문에 수리복원 시 보다 신중한 협의가 필요하다.

결손 부위가 많아 구조적 문제가 겉으로 보기에도 심하게 나쁠 경우엔 확실한 근거를 바탕으로 부분적으로 처리한다. 이때 가장 먼저 생각해야 하는 것은 처리 대상이 되는 문화재에 어떤 방법이 가장 적절한지, 또 처리의 정도 범위에 대한 판단이 중요하다.

4. 올바른 처리 주재료

그 다음으로 중요한 것은 처리에 쓰이는 재료다. 여기서 재료는 옻칠 도막의 박락을 막거나 결손 부위에 쓰이는 주재료로, 특히 옻칠 공예품 처리에는 당연히 옻칠 공예에 사용된 동일한 옻칠을 쓰는 것이 기본상식이다. 그리고 옻칠은 양질의 국산 옻칠을 사용한다.

또 용제에 녹지 않고 가열되지 않는 옻칠의 특성은 재처리에 어려움을 주는 문제점이기도 하다. 과거에 잘못 보수한 부분을 다시 처리하고자 할 때 고도로 숙련된 처리자가 집중해서 견고하게 굳은 옻칠을 물리적으로 제거하는 방법 외에는 없기 때문이다.

5. 올바른 처리자의 자세

다음은 처리자의 올바른 자세가 중요하다. 실제로 처리자의 실력이 처리의 불량 정도를 좌우하기 때문이다. 처리자는 처리이념을 이해하고 옻칠 공예 전반에 있어 미술적·기술적인 역사와 의장·문양 등에 대한 폭 넓은 지식, 그리고 미적 감성을 갖추어야 한다. 특히 기술력은 간단히 해결되는 문제가 아니다. 오랜 세월 꾸준하게 보존 기술을 익혀 습관화하는 방법 이외에는 없다.

이 기본 원칙은 옻칠 공예품의 처리에만 국한되는 것이 아니고 모든 문화재 보존처리에 적용된다.

제4장

수리복원 개념 및 방법

1. 수리복원

수리복원은 형태·옻칠·장식 등의 손상되고 결실된 부분을 원래의 모습으로 복원하는 방법을 말한다. 즉, 파손 또는 유실된 곳을 채워 넣거나 보강한 부분에 옻칠이나 고색 처리를 하여 본래의 모습과 분간할 수 없게 하는 방식이다. 이 방법은 손상 부분과 장식 부분에 새로운 요소들이 첨가되어 후세에 잘못된 정보를 전해줄 수 있다는 단점이 있다.

2. 현상유지 보존처리와 부분 복원

중요하다고 판단되는 문화재, 특히 지정된 문화재를 보존할 때 실시하는 현상유지 처리방법으로, 전체 조화와 물리적 안정, 시대성을 고려해 부분적으로 복원을 시행하는 방식이다.

3. 본격적 보존처리와 부분 복원

처리대상의 손상된 상태가 매우 심할 때 행해지는 수리복원법이다. 이러한 처리 방법은 전체적으로 복원을 하기 때문에 처리된 유물은 처리 전과 전혀 다른 유물로 변하게 된다. 옻칠 공예품은 전반적으로 수리복원하는 과정에서 기존 구성 물질들을 제거하기 때문에 처리가 끝나면 전혀 다른 유물로 변할 수밖에 없다. 이같은 방법으로 처리를 하면 미술품의 가치는 떨어지지만 수리복원 과정에서 당초의 기법, 소재 등을 확인할 수 있어 연구 자료로서 귀중한 물증이 되기도 한다.

제5장

보존처리 과정

1. 보존처리 전 조사 및 사진촬영

제일 먼저 유물의 백골(白骨, 바탕나무), 도장(塗裝), 나전 등에 대한 기법을 정밀하게 조사하여 손상 상태를 파악한 뒤 그 결과를 가지고 상세한 처리 공정을 결정한다. 그리고 처리 전 유물의 상태를 촬영해, 처리 전과 후를 비교하는 자료를 남긴다.

2. 과학적 조사

대체로 옻칠 공예품은 오랜 세월이 지나는 동안 파손되어 보존처리가 요구되는 유물들이 많다. 때문에 보존처리를 할 때 옻칠 공예품이 어디에서 어떤 재료로 제작되었는지, 옻칠 도장 기법은 어떻게 칠했는지 등에 대한 과학적 조사가 반드시 필요하다. 대표적인 과학적 조사방법은 아래와 같다.

1) X선 형광 분석 조사

옻칠에 안료를 섞어 사용한 금속성분을 알기 위해서는 X선 형광 분석 조사가 가장 효과적이다. 채칠(彩漆 또는 畵漆)은 여러 안료를 사용해 만들어 사용하기 때문에, 1㎜ 정도 옻칠 도막 편만 있으면 안료의 화학 성분 측정이 가능하다. 금분, 은분의 순도를 포함하여 수은, 철, 진사, 산화철, 연단, 석청, 석녹 등 금속재료에 관한 정보도 얻을 수 있다.

2) X선 투과촬영조사

옻칠 공예유물들의 백골구조를 알고 싶을 땐 X선 투과촬영조사가 주로 사용된다. 이를 통해 옻칠 내부의 백골의 형태(목재, 남태, 건칠 등)를 확인할 수 있고, 백골을 견고하게 잡아주기 위해 사용하는 삼베 유무에 대한 확인도 가능하다. 조사 결과는 옻칠 공예품의 제작기법을 총체적으로 분석하는 데 사용되며, 실제 보존처리 시 근거 자료로는 물론 복제품을 제작할 때도 유용하다.

3) 현미경 및 SEM분석

옻칠 도막에 섬유가 부착되어 있을 경우 섬유가 마 섬유인지 닥 섬유인지 등을 조사할 때는 현미경으로 확대해 관찰하면 사용재료를 쉽게 파악할 수 있다. 더 정확한 것을 원한다면 전자현미경으로 조사하는 것이 좋다.

4) 적외선 흡수 스펙트럼(IR spectrum)

사용된 재료가 옻칠인지 확인하고 싶을 땐 작은 시료를 가지고 적

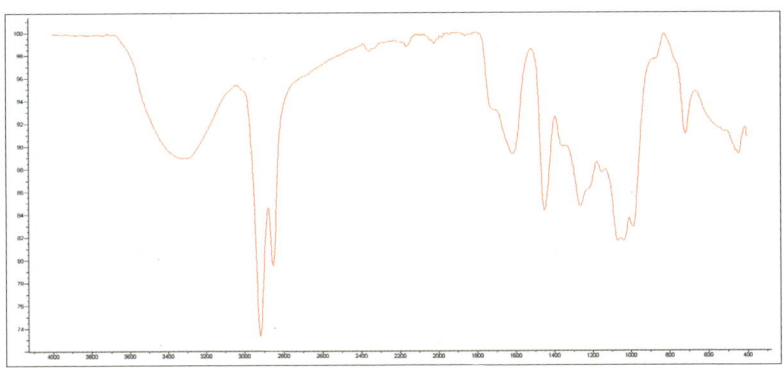
옻칠의 적외선 분광분석 그래프 (자료제공 : 국립중앙박물관 보존과학부)

외선 흡수 스펙트럼에 투과시켜 조사하면 된다. 옻칠일 경우 옻칠의 특유 적외선 흡수 스펙트럼을 확인할 수 있고, 옻칠에 기름이 첨가되어 있으면 기름의 흡수 스펙트럼이 나타나면서 옻칠과 같이 사용된 재료가 무엇인지도 함께 조사할 수 있다.

5) 단면 관찰(Cross section)

박락된 옻칠 도막의 작은 편을 에폭시 수지로 굳혀 단면을 연마한 다음 프레파라트를 제작해 편광현미경, 금속현미경, 광학현미경으로 관찰하는 방법이다. 옻칠 도막 단면에 토회칠(바탕재료)이 부착되어 있으면 토회칠에 섞여있는 재료(광물)가 무엇인지 정보를 얻을 수 있다. 예를 들어 주칠의 경우 입자가 고우면 진사 안료, 입자가 거칠면 산화철 안료를 사용해 옻을 칠했는지 알 수 있다. 또 동시에 후세에 몇 번 옻을 칠했는지에 대한 정보도 얻을 수 있다.

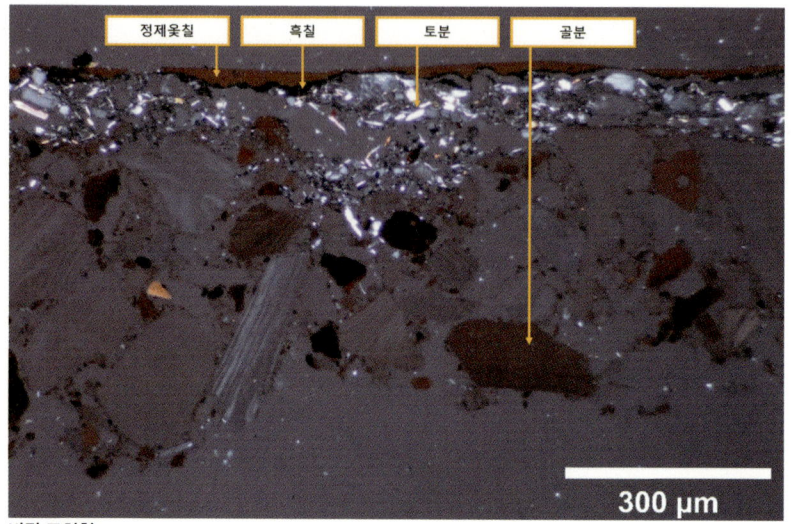

바탕 토회칠

6) 유기용매 용해

옻칠인지 아닌지 확인하는 간단한 방법도 있다. 작은 파편을 알코올(Alcohol), 클로로포름(Chloroform), 테레빈(Turpentine)유 등 유기용매에 녹여 용해도로 확인하면 된다. 옻칠인지 아스팔트인지 구별하는 방법도 간단하다. 옻칠은 일단 건조하여 경화되면 용매에는 용해되지 않는다는 특징이 있어, 옻칠로 보이는 검은 물질이 아스팔트라면 유기용매에 녹아 용액이 검게 물들게 된다. 아니면 면봉에 아세톤, 클로로포름을 묻혀 닦아 검게 묻어나면 옻칠이 아니고 아스팔트일 가능성이 높다. 이 방법들은 특별한 분석기기 없이도 간편하고 쉽게 시험이 가능하단 장점이 있다.

7) 방사성 탄소연대측정법과 스트론튬(Strontium) 동위체분석

옻칠의 연대를 확인하기 위해 방사성 탄소연대측정법이 사용되고 있으며, 특히 옻칠의 산지를 동정할 땐 스트론튬 동위체분석법 등 새로운 분석방법이 옻칠 연구에 응용되고 있다.

8) 열분해-가스크로마트 그래피 질량분석(GC/MS)

옻칠 도막이 완전히 건조되면 어떤 용매에도 용해되지 않아 분석에 어려움이 있다. 이때 옻칠 도막을 500℃에서 3초간 가열하면 옻칠막을 구성하고 있는 분자가 분해되는데, 이렇게 열분해와 GC/MS를 조합한 방식이 열분해-GC/MS(Pyrolysis Gas Chromatography/Mass Spectrometry) 분석법이다. 열분해에는 일정한 법칙이 있어, 이 과정에서 생기는 생성물의 구조를 분석하면 어떤 종류의 옻칠이 사용되었는지 또는 옻칠과 어떠한 재료가 혼합되어 있는지 알 수가 있다.

3. 세척(Cleaning)

우선 유물 표면에 덮여 있는 먼지와 오염물은 부드러운 솔을 사용해 제거한다. 물 세척이 필요할 땐 물에 적신 무명천의 물기를 약간 짜낸 후 정성을 다해 닦아 낸다. 박락될 위험성이 있는 옻칠 도막의 경우 작게 자른 안피지(雁皮紙)에 생풀을 발라 붙여주고, 작업할 때 생길 수 있는 박락을 사전에 예방한다.

4. 옻칠 경화

약화된 옻칠 피막을 보강하기 위해 투칠(透漆)과 생칠(生漆)을 혼합한 옻칠에 희석제로 희석한 옻칠 용액을 균열 틈 사이로 주입한다. 그 다음 옻칠 도막 표면에 남은 여분의 옻칠은 깨끗하게 닦아낸다.

5. 바탕 토회칠 보강

충격 등으로 인해 떨어져 나가 노출된 백골은 조제된 맥칠(麥漆)을 주입해 약한 부위를 보강한다. 그리고 백골 주변 옻칠 도막의 가장자리 틈새로 맥칠을 주입해 사전에 박리를 예방한다.

6. 균열 보강과 접착

약화(弱化, Fatique)된 백골을 접착 및 안정시키기 위해 균열 부위에 조제된 맥칠을 주입한다. 여분의 옻칠은 용제로 깨끗이 닦아내고 충분히 건조시킨다.

7. 옻칠 도막 박락 방지

박리된 옻칠 도막 부분에 맥칠을 주입한 다음 나무 프레임, 대나무 스틱, 클램프 등으로 살며시 눌러 단단히 붙게 한다.

8. 결손 부분 성형

옻칠 도막 결손 부위에는 백골 메움제로 메움 처리를 하고 주변 부분과 맞춰 성형한다.

9. 옻칠 도막 틈서리 보강
박리 또는 박락된 옻칠 도막의 가장자리 틈새에 물로 반죽한 고운 토분에 생칠을 섞어 만든 메움제를 아주 소량 메움제를 아주 소량 도구를 이용해 밀어 넣는다. 재박락을 예방한다.

10. 옻칠 굳히기
투칠을 중심으로 혼합한 옻칠을 희석하여, 문양을 제외한 전체 도막을 보강한다. 여분의 옻칠은 완전히 닦아 낸다.

11. 보존처리 후 기록과 사진 촬영
처리 전체 과정과 처리 후 상태를 사진 촬영하고 그 과정을 상세히 기록한다.

제6장

재료와 도구

1. 옻칠(漆)

옻칠(Ottchil)은 옻나무에 상처를 내 흘러나오는 유백색의 수액(樹液)을 의미한다. 공기와 접촉하면 갈색으로 변색된다는 특징이 있으며, 채취 시기에 따라 초칠(初漆), 성칠(盛漆), 말칠(末漆)로 구분한다. 초칠은 수분이 많아 건조가 빠르고, 성칠은 7월 중순~8월까지 채취하는 최고 양질의 옻칠이다. 색깔, 점도 등 품질이 우수해 마지막 단계인 상칠 도료로 흑칠, 투명칠로 많이 사용한다. 말칠은 수분함량이 적은 반면 강한 점도를 가지고 있다. 품질이 우수하진 않지만 도막을 두껍게 올릴 수 있는 이점이 있다. 보통 바탕을 칠할 때 사용한다.

옻나무에서 바로 채취한 수액인 원생옻칠은 나무껍질, 벌레, 이물질들이 섞여 있다. 이를 여과지로 한번 걸러낸 것을 생칠이라고 한다. 이를 통에 넣어두면 숙성되는데, 이때 산소 차단을 위해 덮어 둔 칠지(漆紙)를 가끔 열어주면서 발효 과정 중 생기는 공기를 제거해야 한다. 이렇게 발효가 끝난 수액이 완전한 생칠이다. 또 이 생칠의 질을 높이기 위해서는 두 가지 정제 과정을 거쳐야 한다. 수분 날리기(수분 조정)와

입자 고르기(엉킨 입자를 분산시켜 균일하게 만듦) 과정을 거치면 비로소 정제 옻칠(精製漆)이 된다.

옻나무는 8~15년 둘레 25cm(7~8년 직경 8~10cm) 정도로 자란 나무에서 옻칠을 채취하는 것이 좋다. 그해 기후환경에 따라 차이가 있지만, 천연 옻칠은 보통 한 그루 당 1년에 채취되는 양이 약 200g 밖에 되지 않을 정도로 귀하다.

2. 우루시올(Urushiol)

옻칠의 주성분인 우루시올이 많이 함유되어 있을수록 옻칠의 품질이 높다. 한국·중국·일본의 옻칠의 주성분은 우루시올인 반면 베트남 북부와 대만의 옻칠의 주성분은 라콜(Laccol)이고, 미얀마와 태국, 라오스의 옻칠은 팃시올(Thitsiol)로 이뤄져 있다. 각각 다른 특성을 가져도 나무, 대나무 등의 도장재로 사용하는 공통성이 있어 모두 옻칠로 취급한다. 하지만 엄밀히 따지면 우루시올과는 주성분이 다르기 때문에 유사 옻칠로 보아야 한다.

정제 옻칠

생칠

제6장 재료와 도구

3. 토분(土粉)

토분은 백골을 뒤틀림 없이 단단하게 만들기 위해 백골 바탕 밑칠(토회칠)을 할 때 쓰이는 재료다. 일본에선 '지노코(地の粉)'라 부른다. 옻칠에 섞어 사용하며, 미세 토분보다 입자가 굵은 편이다. 하지만 실제 토분과 미세 토분은 둘 다 밀가루같이 고운 분말로 육안으로는 차이를 구분하기 힘들다. 일본에서는 주로 교토 야마시나(京都 山科) 지역과 이시카와현 와지마(石川県 輪島) 지역에서 토분을 생산하며, 와지마(輪島) 규조토분은 와지마 소봉산(小峰山)에서 채취한 규조토를 푹 쪄서 분쇄해 사용된다. 최근엔 우리나라 전북 고창에서 양질의 토분을 생산해 판매하고 있으며, 장인에 따라 황토가루를 물에 풀어 수비한 고운 토분을 사용하기도 한다.

교토 야마시나 토분
(자료사진 : 西山要 – 奈良大學校 명예교수)

전북 고창 토분

1번 규조토분

2번 규조토분   3번 규조토분

토분(장인이 수비해 만든 토분)

제6장 재료와 도구

4. 미세 토분(微細 土粉)

미세 토분은 토회칠을 만들 때 사용되는 재료로, 입자가 더 곱다. 주로 칠기를 수리복원할 때 메움제로 사용되는데, 생칠과 미세 토분을 물로 반죽해 만든 점토 모양의 혼합물 형태로 만들어 활용한다. 일본에선 '토노코(砥の粉)'라 부르며, 교토 야마시나(京都 山科)에서 생산한다.

교토 야마시나 미세 토분
(자료제공 : 西山要 — 奈良大學校 명예교수)

5. 목분(木粉)

수리복원할 때 백골 메움제를 만들기 위해 사용되는 혼합재료 중 하나다. 주로 소나무, 느티나무, 편백나무 등을 쓰며 처리유물의 상태에 따라 선택한다. 이중 가장 많이 사용되는 목분의 재료는 소나무다.

메움제는 백골 표면의 깊은 흠집이나 균열 부위를 메워 보수할 때 쓰이는데, 호칠에 목분을 섞어 반죽해 제조한다. 호칠 대신 밀풀을 사용하기도 하며, 섬유소와 같이 섞어 사용하면 강도를 훨씬 더 단단하게 올릴 수 있다.

6. 마분(麻粉)

수리복원 시 백골 메움제에 섞는 재료다. 마섬유를 잘게 썰어 체에 거른 다음 맥칠과 함께 섞어 수리복원할 때 사용한다.

7. 옻칠 전용 붓

옻을 칠할 때 사용하는 옻칠 전용 붓이다. 백골에 칠하는 붓과 도칠(塗漆)할 때 사용하는 붓은 각각 다르다. 도칠용 붓은 점착성이 높은 칠에 버틸 수 있을 정도로 견고한 것이 좋다. 유분기가 없는 해녀들의 머리카락이 최상의 소재로 알려져 있다.

옻칠 전용 붓

8. 바탕칠 붓털 재료

백골에 옻을 칠할 때 사용하는 붓털로는 주로 고양이, 토끼, 너구리 등의 털을 사용하며 처리 과정 중 옻칠을 굳히는 작업을 할 때 사용한다.

9. 시회(蒔絵) 붓

주로 일본에서 사용하는 시회(마끼에) 기법에서 사용하는 붓으로, 끈 적끈적한 점성을 지닌 옻칠을 묻혀서 표현하기 때문에 회화용 붓에 비해 부드럽고 유연한 특징이 있다. 그래서 붓끝의 교환이 자유롭고 길이 또한 조정이 가능하다. 주로 쥐, 고양이, 너구리 등의 털로 만들며, 목조 배나 억새풀 저습지에서 생존하는 쥐 털로 만든 붓을 최상품으로 꼽는다.

면상필

각종 옻칠 주걱

제6장 재료와 도구

10. 옻칠 주걱(Spatula)

옻칠 주걱은 백골에 토회칠을 바르거나 반죽할 때 등 다양한 용도로 쓰이며 주로 나무, 대나무, 고래의 수염 등을 가지고 만든다. 이중 백골 바탕에 토회칠을 바를 때 사용하는 옻칠 주걱은 수분에 강해 뒤틀림이 적은 편백나무로 만든 주걱이 좋다.

11. 여과지

옻칠의 불순물을 제거할 때 사용된다. 여과지는 삼베(麻布紙)나 칠지(漆紙, 吉野紙는 닥나무 껍질의 섬유를 정선해서 얇게 뜬 종이)를 사용하며, 보통 여과할 때 여과지를 몇 장 겹쳐서 사용한다.

12. 안피지(雁皮紙)

닥나무 껍질로 만든 종이로, 처리할 때 옻칠 도막의 박락 방지를 위해 사용하는 보호지다. 껍질의 원료인 내피 수액 또는 닥풀의 점액을 사용해 만들어졌으며, 지면은 매끄럽고 반투명하다. 또 결이 촘촘하고 광택이 있어 충해에 강하고 강도가 좋을뿐 아니라 방수성도 우수하다.

13. 그 외 도구

옻칠 수리복원에 사용되는 도구는 처리자의 목적에 따라 자기 손에 맞는 도구를 제작해 사용하기도 한다.

〈안피지〉　〈닥지〉

안피지
(자료제공 : 고창문화재연구소)

닥(楮)지	
	특징: 현미경 확대(×400, C-stain 정색반응) 관찰. 밝은 자색~암적색을 띤다. 삼지닥, 안피지 등 다른 섬유에 비해 섬유의 길이가 2~3배 길고 섬유 전체가 얇은 막으로 둘러싸여 있으며, 섬유 폭은 넓고 섬유의 끝이 둥글다. 섬유의 중간중간에 가로 마디의 흔적이 있다.
안피(雁皮)지	
	특징: 현미경 확대(×400, C-stain 정색반응) 관찰. 밝은 올리브색~밝은 청회색의 색을 띤다. 섬유의 두께가 얇고 납작하며 투명함이 있고 섬유의 끝이 둥글다. 섬유 중간에 협소부가 있다. *종이 표면의 특징 : 평활도가 높고 실크처럼 매끈하다.

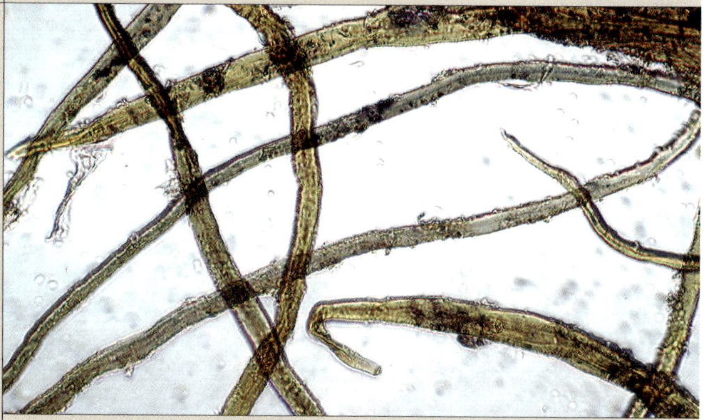

14. 옻칠 보관

옻칠은 온·습도 유지가 잘 되는 지하실이나 냉장고에 보관하는 것이 좋다. 옻칠의 종류와 품질에 따라 다르지만 몇십 년 정도 지난 옻칠도 사용은 가능하다. 단 경화(건조)가 더디거나 수분이 증발해 딱딱해진 경우도 있다. 그런 옻칠은 건조가 빠른 옻칠이나 부드러운 옻칠을 섞어 사용하면 된다. 새 옻칠과 오래된 옻칠을 섞어 사용할 땐 반드시 건조 테스트를 수차례 거쳐 목적에 맞게 만들어야 한다.

건조한 장소에서 옻칠 공예 유물을 처리할 때, 습도를 갑자기 올리면 환경 변화로 인한 손상이 생길 가능성이 크다. 오히려 손상된 유물의 손상 범위가 더 커질 우려가 있다. 그래서 처리하는 공간이나 옻칠 건조장의 습도는 시간을 두고 서서히 올려 주어야 한다. 특히 건조된 옻칠공예 유물은 서서히 습도를 높이면, 백골의 뒤틀림이나 균열이 조금씩 제자리로 돌아와 탄력을 갖게 된다. 하지만 습도가 너무 높으면 곰팡이가 생기기 쉽고, 이 경우 정제수로 곰팡이를 제거한 다음 알코올 등으로 표면을 깨끗하게 닦아 주면 된다.

갑옷이나 금속에 옻칠이 되어 있는 경우와 같이 복합재료로 구성된 유물들의 경우에는 가능한 습도를 주지 않는 방법으로 처리하는 것이 좋다. 단 양질의 옻칠을 사용하면 습도가 낮아도 충분히 건조가 되며, 여름처럼 습도가 높은 계절에 옻칠 작업을 하는 것도 또 하나의 방법이다.

제7장

실제 보존처리

1. 세척

1) 먼지 제거

옻칠 유물에 묻은 먼지나 오염물은 조심스럽게 붓으로 털어낸다. 이때 붓털 끝이 박락·균열 부분에 끼어 손상이 가지 않도록 하고 약한 부분은 더 주의를 기울여 작업을 한다. 작업할 때 털어내는 붓으로 인해 옻칠 도막에 상처 나지 않도록 털끝이 부드러운 솔을 사용하는 것이 좋다.

2) 세척

여러 번 사용해 부드러워진 천을 정제수로 빨아 말려 사용한다. 짜낸 천과 마른 천을 겹쳐서 다시 짜내고 건조한 천은 잘 접어서 세척에 사용한다. 도막 표면에 묻어있는 오염물을 제거할 때 처음부터 한 부분만 집중해 깨끗이 세척을 하면 전체 균형을 맞추기가 어렵기 때문에, 주변의 도막과 조화를 이루면서 작업해야 한다. 또 천에 부착된 것이 오염물인지 노화된 옻칠 도막 편인지 아니면 처리할 때 사용한 도료인지 꼼꼼하게 확인하면서 작업해야 한다.

옻칠 도막의 상태는 '광택'으로 판단한다. 광택이 있으면 덜 노화되었다고 볼 수 있으며, 가끔 광택을 보충했다거나 도료가 칠해져 있는 경우가 있어 주의 깊게 관찰해야 한다. 그리고 오염물이 심하게 부착되어 있거나 부분 세척해야 할 경우에는 고무나 나무, 대나무 주걱을 천으로 싸서 제거한다. 옻칠 도막에 덧칠된 옻칠이 세척 단계에서 제거하기 어렵다면 칼을 사용하기도 한다. 칼을 사용할 땐 도막과 장식에 상처가 나지 않도록 주의 깊게 작업하는 것이 중요하다.

후대에 처리한 유물 중 오염물을 완전히 제거하지 않고 옻을 칠한 유물도 종종 있다. 이런 도막은 정제수만으로 세척이 어려워, 용제를 사용해 제거하기도 한다. 도막이나 장식에 영향이 가지 않도록 용제를 선택해야 하며, 용제는 다음 순으로 테스트한 다음 사용한다.

> 정제수(Pure water) → 에탄올(Ethanol 75%) → 무수에탄올(Absolute ethanol) → 헥세인(Hexane) → 사이클로헥세인(Cyclohexane) → 아세트산에틸(Acetate ethyl) → 아세톤(Acetone) → 테트라하이드로퓨란(Tetrahydrofuran THF)

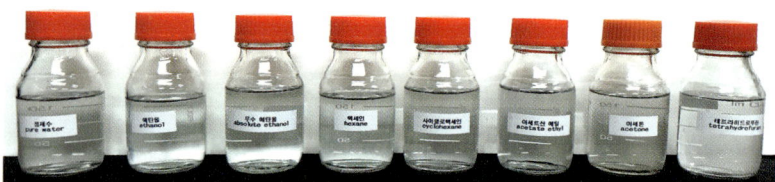

세척 용제

유럽에서 처리할 때 사용한 셀락(Shellac), 왁스를 제거할 때도 위의 순서대로 테스트를 한 다음 용제를 선택한다.

장식은 기본적으로 금, 은, 동 등이 녹슨 상태에도 보통 세척은 하지 않는다. 녹을 제거하면 주변 장식들과의 조화로움이 상대적으로 떨어져, 시대성을 잃게 되기 때문이다. 녹슨 그 자체도 아름다울 수 있다.

2. 안정화 처리

작업 중 박락의 위험성이 있는 부위에 작게 자른 안피지를 생 밀풀로 붙여 박락을 예방하는 과정을 말하며, 옻칠 도막의 상태에 따라 세척 전에 붙여 놓기도 한다. 이후 박락의 위험도가 없다고 판단되면 물을 칠해 안피지를 제거한다.

1) 생 밀풀

밀가루를 물에 담구고 섞으면 가수분해 과정을 통해 전분과 글루텐으로 분리된다. 이 전분이 생 밀풀의 원료가 된다.

〈생 밀풀 제조 방법〉
① 밀가루와 물을 1:3 비율로 냄비에 넣어 센 불로 끓인다.
② 타지 않게 계속 저어 준다.
③ 투명해지면서 점착성이 보이면 불을 끄고 찬물에 중탕해 열을 식힌다.
④ 작은 접시에 조금씩 옮겨 담고 물의 양을 조절하면서 생 밀풀을 만든다.

3. 옻칠 굳히기

오랜 세월 동안 옻칠 공예품은 많은 사람들이 손으로 만지거나 자외선 노출에 의해 열화(劣化)된다. 이때 열화된 옻칠 도막 표면에 희석된 생칠을 주입하여 닦아내고, 소량의 옻칠을 남겨두는 것만으로도 도막은 강화된다. 이와 동시에 작업 과정 중 맥칠과 리그로인(Ligroin)을 사용해 균열 부분의 백골을 강화할 때 넘친 옻칠은 도막이 빨아들여 얼룩이 생기는 것을 방지하는 역할도 한다.

처음 칠한 옻칠이 굳기 전에 작업하면 마찬가지로 얼룩이 생긴다. 반드시 건조가 된 후에 다음 단계로 들어가야 한다. 첫 건조가 제대로 이루어지지 않으면 그 다음 옻칠도 잘 마르지 않기 때문에, 완전히 건조되었는지 확인하는 것이 중요하다.

1) 옻칠 굳히는 순서

제일 먼저 침투성을 높이기 위해 석유계 용제로 생칠을 희석한다. 대체로 용제와 옻칠의 비율은 7:3 정도다. 희석된 생칠을 면봉 등에 묻혀 열화된 도막에 살살 문질러 준다. 시간이 지나면 용제는 휘발하며, 미세한 옻칠 도막의 균열 틈새에 옻칠을 남겨준다. 그 다음 표면을 리그로인으로 닦아내고, 티슈로 표면에 남아있는 옻칠만 닦아낸다. 오래된 수복 제품일수록 옻칠이 안으로 스며드는 것을 확연히 볼 수 있다. 새롭게 칠한 옻칠 도막의 경우 옻칠을 흡수하지 않기 때문이다. 현미경으로 보면 아주 미세한 균열 부분에 남아있는 옻칠을 관찰할 수 있다.

4. 바탕 토회칠 보강

옻칠의 도막이 파손되어 박락된 부위에는 맥칠에 리그로인을 희석해 침투시켜 바탕 토회칠을 강화한다. 옻칠 도막이 마찰로 긁힌 부분은 생칠에 리그로인을 희석해 사용한다. 생칠을 리그로인으로만 희석시킨 것은 점도가 없으며, 맥칠을 리그로인으로 희석시킨 것은 바탕 토회칠 강화와 접착을 겸한 역할을 한다.

1) 맥칠 제조와 리그로인 희석

밀가루는 강력분, 중력분, 박력분 각각 글루텐의 함유량이 다르다. 어느 밀가루든 맥칠을 만들 수 있지만 글루텐이 많을수록 건조가 느려지기 때문에, 박력분이 가장 빨리 건조되며 건조 후 접착력이 가장 강한 밀가루는 강력분이다.

〈맥칠 제조 방법〉
① 물에 밀가루를 풀어 귓볼 정도로 반죽한다.
　(오래된 밀가루일수록 느리게 굳기 때문에 새 밀가루를 사용하는 것이 좋다)
② 작은 덩어리 하나를 랩으로 감싼 뒤 10~15분 기다린다.
③ 개봉 후 목적에 따라 비율을 정해 옻칠을 섞어준다.
④ 손상 상태에 따라 리그로인을 첨가해, 유동성을 높여 더욱 침투력을 높인다.

밀가루 덩어리에 생칠을 넣을수록 점도가 높아진다. 여기에 생칠을 더 넣어 주면 두꺼운 나전을 고정하는 데 사용할 수 있고, 이보다 더 추가하면 균열을 멈추게 할 수 있다. 얇게 들뜬 옻칠 도막에는 생칠을 더 추가한다.

2) 토회칠에 주입

먼저 손상 예방을 위해 붙여 놓은 안피지는 붓으로 촉촉하게 적신 뒤 제거하고, 남아 있는 풀은 면봉으로 문지르지 말고 톡톡 두들기듯 닦아낸다. 면봉에 물을 적셔 종이를 제거하는 방법도 있다. 종이 제거를 위해 발라 놓은 수분이 완전히 건조된 다음 옻칠을 붓에 발라 침투시킨다. 침투된 옻칠만 남기고, 여분의 옻칠과 틈새로 빠져나온 옻칠은 면봉을 사용해 두들기듯 닦아낸다.

종이에 소량의 리그로인을 묻혀 가볍게 눌러주는 느낌으로 남은 맥칠을 제거한다. 밑바탕 토회칠은 옻칠이 열화되어 있어 약간의 옻칠을 침투시켜 주면 옻칠이 강화되어 원래 상태로 가깝게 돌아간다.

5. 맥칠 주입과 옻칠 도막 고정

1) 맥칠 준비

박리된 옻칠 도막의 접착을 위해 먼저 맥칠을 준비한다. 도막 접착을 위한 맥칠이기 때문에 밀가루 반죽과 옻칠을 동일한 비율로 섞지 않고 옻칠을 조금 더 넣어 최종적으로 소맥분과 옻칠을 1:4 비율로 섞는다.

빠른 접착을 위해선 함침된 옻칠이 넓게 퍼지도록 잠시 그대로 두는 것이 좋다. 가능하면 그물망을 덮고 그 위에 천을 덮어두거나 습도가 높은 건조장에 넣어두는 것을 추천한다. 그렇게 5분마다 한 번씩 주입한 뒤 펼쳐놓고 다시 건조장에 넣는다. 이렇게 만들어진 맥칠은 옻칠 도막과 비교적 두꺼운 나전을 접착할 때 사용하며, 얇은 나전의 경우는 색조가 변하기 때문에 아교를 사용한다.

2) 맥칠 주입

우선 도막이 들떠있는 부위에 묽은 맥칠을 가는 붓에 묻혀 주입을 한다. 먼저 맥칠과 리그로인을 1:2 비율로 희석한다. 충분하게 잘 반죽된 맥칠은 리그로인에 묽게 잘 녹지만, 충분히 반죽되지 않으면 주변부위에 전분 입자가 뜨게 되니 주의해야 한다. 다음은 가는 붓을 이용해 결손 부위에 희석된 맥칠을 도포한다. 들뜬 상태의 도막은 옻칠 주걱으로 조금씩 눌러주면 맥칠이 서서히 안쪽으로 스며들게 된다. 스며드는 과정에서 리그로인은 휘발되고 맥칠은 접착면을 형성하게 된다. 거의

다 스며들면, 흘러나온 맥칠은 리그로인으로 적신 종이로 닦아낸다.

옻칠이 침투되었을 때는 잠시 약한 상태이기 때문에 주의가 필요하다. 또 한 가지 주의할 점은 옻칠 도막이 열에 약하다는 것이다. 그래서 열을 가하면서 작업을 하면 변색되어 광택이 없어질 수 있기 때문에 사용하지 않는다.

3) 압착

접착된 파편을 고정하기 위해 심지대를 사용하여 압착한다. 심지대는 주로 대나무나 라민목을 사용하며, 도막을 누르는 압력은 뼈대의 두께와 길이 등을 보고 조절한다. 보통 직경 2㎜ 정도의 라민목을 쓰고, 압력을 가하는 부분은 바닥판이기 때문에 특별한 보강은 필요로 하지 않는다.

우선 직경 1㎜ 폴리에틸렌 시트 2장과 아크릴판을 준비한다. 그 다음 유물의 안전과 심지대 미끄럼 방지를 위해 폴리에틸렌 시트로 아크릴판을 감싸준다. 여기에 식품용 랩을 깔고 그 위로 도막을 손가락으로 가볍게 눌러 옻칠이 흘러나오는 정도를 체크한다. 나무틀과 압력을 가하고자 하는 곳의 거리가 멀수록 압력이 약해지고, 거리가 짧을 경우 동일한 두께라도 강해진다. 이때 지나치게 압력을 가하면 유물에 악영향을 끼칠 우려가 있어 주의하면서 압력을 조절한다.

> **〈제작 시 주의사항〉**
> 한 군데만 압력을 가할 경우 수복 유물이 움직일 가능성이 있어, 이런 상황들을 예측하면서 반대쪽에서도 눌러준다. 또 여러 심지 대를 사용할 경우 장력으로 심지대가 위로 쏠릴 수 있기 때문에 길이를 조금씩 다르게 조절해준다.

마지막으로는 심지대의 장력 정도를 확인한다. 접착하고 있는 상황을 확인하면서 압력 변화를 조절할 수 있다는 점이 심지대의 장점 중 하나다. 단 클램프를 사용할 경우 클램프의 중량이 처리 유물에 과잉 스트레스를 부과하는 경우도 있어 주의해야 한다.

2~3시간 후 심지대에서 분리시켜 흘러나온 맥칠을 닦아 낸다. 다음 날 다시 한 번 확인하고, 맥칠은 건조가 느려 이틀 뒤 제거가 가능하다. 옻칠 접착은 시간 조정이 가능하고, 건조가 느려 여분의 옻칠을 닦아내는 과정이 여유로우며, 작업에 문제가 발생했을 시 다시 떼어내는 것이 가능하다는 장점이 있다.

파손 부분의 옻칠 도막을 접착한 후에는 우선 심지대를 해체한다. 이때 유물에 닿는 부분을 손으로 눌러 위에서부터 분리하고, 옻칠이 일부 흘러나와 있으면 클리닝을 해준다. 흘러나온 옻칠은 용제를 적신 면봉으로 제거하며 굳어져 버린 부분은 대나무 옻칠 주걱을 이용해 제거한다. 3~4일 내에는 옻칠 제거가 가능하고, 1주일 이상 경화된 경우는 제거가 힘들어 되도록이면 4일 이내에 작업하는 것이 좋다. 이때 리그로인을 조금 묻힌 면봉을 사용하면 쉽게 제거할 수 있다.

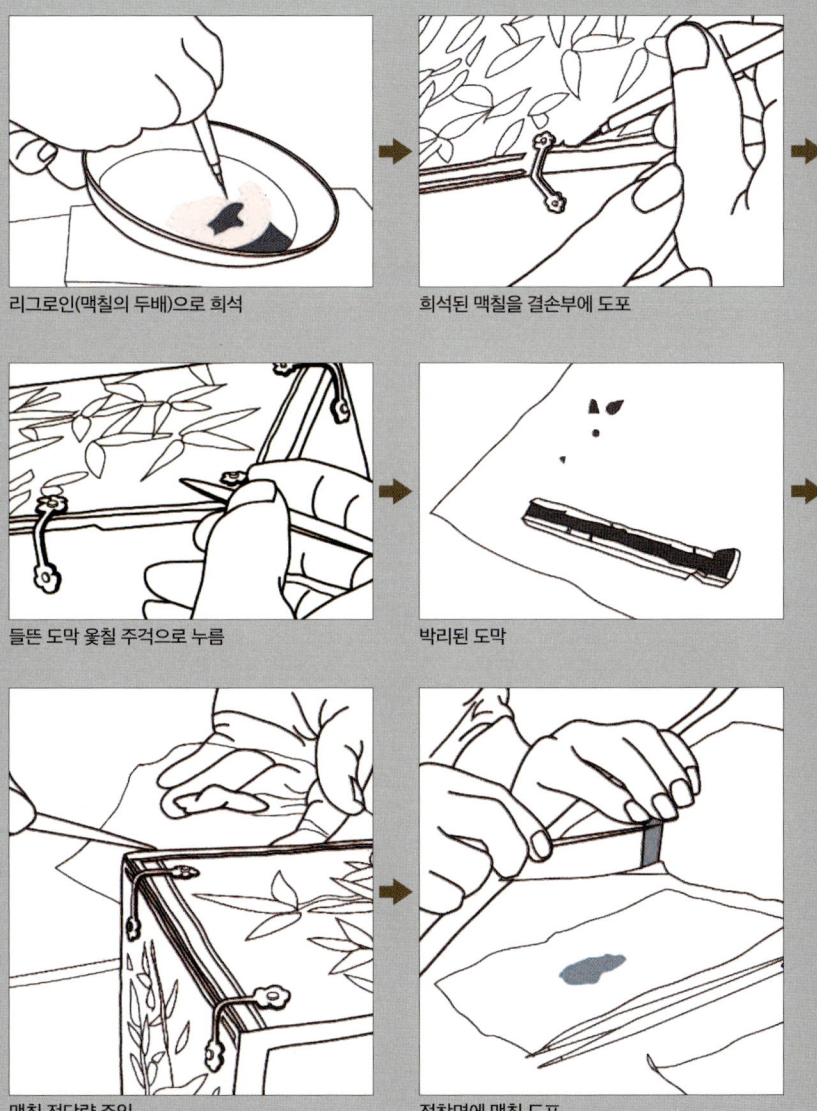

리그로인(맥칠의 두배)으로 희석	희석된 맥칠을 결손부에 도포
들뜬 도막 옻칠 주걱으로 누름	박리된 도막
맥칠 적당량 주입	접착면에 맥칠 도포

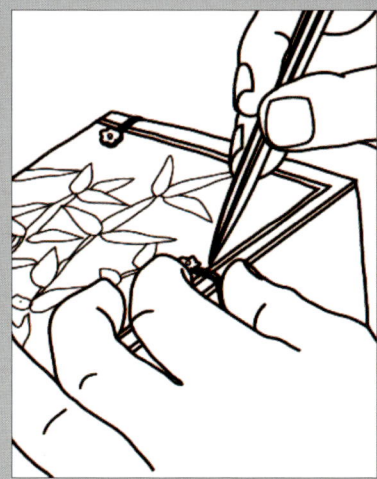
박락된 도막을 원위치에 접합

폴리에틸렌 시트(2장) 사이에 아크릴판을 끼워 누름

6. 아교 교착

주칠 쟁반에 아교로 접착된 나전이 들떠 일어난 부분의 처리 과정이다. 쟁반에 사용된 자개는 중간 정도 두께의 평평한 전복껍데기이다. 0.1㎜ 전후의 얇은 조개는 보통 칼로 자르지만, 이 경우는 실톱으로 꽃 모양을 내 오려 붙였다. 자개 부분을 옻칠 주걱으로 눌러보면, 들뜬 부분과 들뜨지 않은 부분의 미세한 움직임으로 자개의 박리된 공간을 확인할 수 있다. 들뜬 부분은 아교를 주입해 접착한다.

1) 아교 준비

아교는 소가죽으로 만든 알아교와 막대아교, 이렇게 크게 두 종류가 있다. 알아교는 막대아교보다 접착력이 강하고 투명하며, 안료 등을 넣을 땐 조금이라도 투명도가 있는 것이 좋다. 강력한 접착력이 필요할 땐 물 100cc에 알아교 15g를 넣어 4시간 동안 물에 담가둔 뒤, 중탕으로 아교를 녹여 강력한 아교수를 만든다.

2) 받침대 준비

들뜬 자개를 누를 때 쟁반 다리 때문에 불안정한 상태가 될 수 있어, 다리보다 높게 받침대를 만들어야 한다. 그러면 전체적으로 힘이 가해져도 작품에 손상이 가지 않는다. 이처럼 항상 처리 대상을 파악해 가능한 작품에 피해가 일어나지 않도록 처리방침을 계획하는 것이 중요하다. 처리복원 시 늘 변수가 존재하기 때문에 매번 창의적인 생각이 필요하다. 이번엔 쟁반을 세워서 처리하지만 손상 상태에 따라 처리 순서를 생략하기도 한다. 이것이 바로 처리의 어려움이다. 이때 받침대 없이 위에서 힘을 가하면 공간이 생겨 나뭇결에 따라 균열이 생길 수 있기 때문에 받침대를 반드시 사용해야 한다.

3) 아교 주입

액체가 된 아교를 붓 끝에 묻혀 박락 부분에 아교가 스며들도록 한다. 흘러나온 아교는 흡수지로 닦아내고 여분은 면봉으로 제거한다. 옻칠로 접착하지 않고 아교를 사용하는 이유는 나중에 나전이 검게 변색될 수 있어 색을 우선으로 고려한다면 아교를 사용하는 것이 더 자연스럽기 때문이다.

4) 압착

보존처리를 할 때는 '나전을 어떻게 압착할 것인가'에 대해 생각해야 한다. 이때 클램프로 압착하는 방법과 심지대를 사용해 눌러주는 두 가지 방안이 있다. 클램프의 경우 앞에서 언급한 바와 같이, 자체 무게 때문에 처리 유물에는 위험이 따를 수 있어 고정대로 접착하는 것이 좋다.

자개가 들뜬 부분이 쟁반 전반에 존재하고 있어 골고루 압력을 주는 것이 중요하다. 나전 상자의 경우 평평한 곳에 자개가 붙어 있는데, 이 쟁반은 조각된 부분에 나전이 부착되어 있어 압력이 강하면 자개에 균열이 생길 가능성이 크다.

평면인 것은 전반적으로 힘을 가해도 괜찮으나 아래 나전 유물처럼 요철면에 자개가 붙어있는 경우 강한 힘이 자개에 가해지면 파손될 가능성이 있다. 그래서 약한 대오리를 많이 사용해 균일하게 힘이 전달될 수 있도록 해야 한다. 이런 경우 고정대에 힘을 주지 않고 작품의 상태를 파악한 뒤 판단해야 하며 심지대를 사용하지 않고 클램프를 사용하는 방법도 있다.

옻칠도막·나전 압착 사진(자료제공 : 국립중앙박물관 보존과학부)

아교 중탕(사진제공 : 비전문화유산)　　　막대아교

알아교

5) 고정대 해체

아교는 하루가 지나면 건조된다. 다음 날 고정대를 제거하고, 표면에 경미하게 흘러나온 아교액은 면봉에 물을 적셔 옻칠을 접착할 때 제거하는 방법과 동일하게 없앤다. 아교가 흘러나왔는지는 아교의 광택으로 확인을 할 수 있으며, 자개 뒷면에 흡인된 아교는 표면에서 닦아내도 크게 영향을 받지 않는다.

7. 백골 메움

맥칠, 목분, 마섬유로 만든 메움제로 백골의 결손, 균열 부분을 메우기 위해 사용된다. 기본적으로 옻칠 도막이나 바탕 토회칠에는 사용하지 않는다. 심지대에서 유물을 분리할 때 접착된 부분에서 옻칠이 흘러나오면 리그로인을 접시에 덜어 면봉에 적셔 닦아내고, 옻칠이 굳었을 경우 대나무 주걱 끝부분에 용제를 묻혀 제거한다. 완전 제거 후 면봉으로 가볍게 전체 오염물을 닦아낸 뒤 간격이 벌어져 있는 틈새 부분을 백골 메움제로 메운다.

1) 목분 준비

목분은 백골 메움제를 만드는 재료 중 하나다. 주로 소나무, 노송나무, 느티나무 가루 등을 사용하며, 형태가 없는 부분을 메워주는 충전제 용도이기에 각자 맞는 나무의 소재를 골라 메움제를 만든다.

이번에는 소나무 분말로 메움제를 준비했다. 톱이나 끌을 이용해

가루 형태를 만든 후 40# → 60# → 80# 순서로 체로 거른다. 이때 체 안에 동전 등의 무게 있는 물체를 넣고 흔들면 더 쉽게 작업할 수 있다. 80#의 체를 사용하면 가장 미세한 분말을 거를 수 있어, 표면 마무리 단계에서 사용하며 대체로 40#, 60# 정도에서 걸러낸 목분을 사용한다. 열화 정도가 심한 수복유물에는 거친 목분을 사용하고 다음은 중간 입자를, 마감할 때는 고운 목분을 사용한다.

2) 백골 메움제 만들기

목분과 맥칠만으로도 충전제로 사용할 수 있으나 더욱 강화시키기 위해 가위로 촘촘하게 자른(약 0.5㎜) 대마 섬유를 섞는다.

우선 밀가루를 접시에 담아 물을 조금씩 부어가면서 귓불 정도의 점성이 느껴지도록 반죽한 뒤 동일한 양의 생칠을 혼합해 맥칠을 만든다. 이 맥칠에 잘게 자른 마섬유를 넣고 목분을 혼합한다. 이때 목분 양에 따라 강도가 달라진다.

3) 백골 메움제로 메우기

손상이 심한 부위를 메움제로 메울 때는 대나무 칼(Bamboo spatula) 끝을 뾰족하게 만들어 사용하고, 칼등으로 백골 메움제 표면을 고르게 정리 해 준다. 형태에 따라 대나무 칼의 모양을 달리해 사용하는 것이 중요하며, 메움이 끝나면 면봉에 리그로인을 묻혀 표면을 닦아 내고 메움을 마무리한다.

메움제는 백골의 균열과 깊이에 따라 강도를 구분해 사용한다. 보통 거친 목분을 섞은 백골 메움제로 대략 메우고 고운 목분으로 만든 메움제로 마무리 정리한다. 고운 목분으로 만든 백골 메움제는 밀도가 높아 두껍게 메우면 표면만 건조되고 내부 건조가 느려 얇게 칠하는 것이 중요하다. 또 메울 땐 옻칠 도막보다 종이 1~2매 정도 단차를 낮게 한다.

8. 메움제 뿌리기

백골 메움제의 일종으로 옻을 칠한 위에 토분이나 숯 가루를 뿌려 메워 건조하는 과정을 말한다. 물을 사용하지 않아 강도가 세다.

1) 백골 메움제 면체 정리

40#의 목분으로 만든 백골 메움제를 사용한 후 80# 목분으로 만든 백골 메움제로 마무리한다. 3일 정도 지나면 백골 메움제로 메운 면체는 대개 울퉁불퉁하게 요철이 생긴다. 그러면 먼저 조각칼 등으로 표면을 깎아내고 가는 줄이나 숫돌로 갈아 마무리한다. 옻칠 도막 구석에는 백골 메움제가 쌓이기 쉬워 조심해야 하고, 결손 부위가 큰 곳은 메움 처리를 한다.

2) 메움제 뿌리기에 사용되는 분말

백골 메움제에는 규조토(石川県 輪島, 이시카와 현 와지마)를 구워 정제해 만든 토분을 사용하며 입자 크기에 따라 #1~#4로 분류된다. 이 재료는 규조토를 구워 만드는데, 처리에 와지마 토분이 꼭 필요한 것은 아니고 석분(돌가루)을 사용하는 경우도 있다. 이 석분은 칼을 갈 때 사용하는 숫돌 가루이고, 입자가 고와 처리할 때 미세한 흠집을 메울 때 사용된다. 단, 잘못 쓰면 토분에 비해 상처가 날 위험이 있어 조심해야 한다.

3) 메움제 뿌리기

두꺼워도 잘 건조되고 점성이 있는 검은 정제칠과 얇고 단단하게 건조시키는 생칠을 혼합한다. 그 다음 붓으로 혼합된 옻칠을 결손 부위에 도포한다. 이때 정제 옻칠보다 생칠이 더 빠르게 건조된다.

바탕칠이 끝나면 넓은 붓(족제비 털)에 규조토분(#4)을 묻혀 뿌리거나 발라 주입시킨다. 넓은 면적을 뿌릴 때는 옻칠을 20분 정도 건조시킨 후에 실시해야 하고, 옻칠 도막의 단차가 클 경우 #3 규조토분을 여러 번 뿌려 준 후에 가장 고운 규조토분(#4)을 뿌려 준다. 마지막으로 가장 고운 미세 토분을 살포하고, 여분의 토분은 붓으로 털어내면 아름답게 완성된다. 메움을 한 부분에는 광택이 나서는 안되며, 이 상태로 2일 정도 지나면 단단히 굳는다.

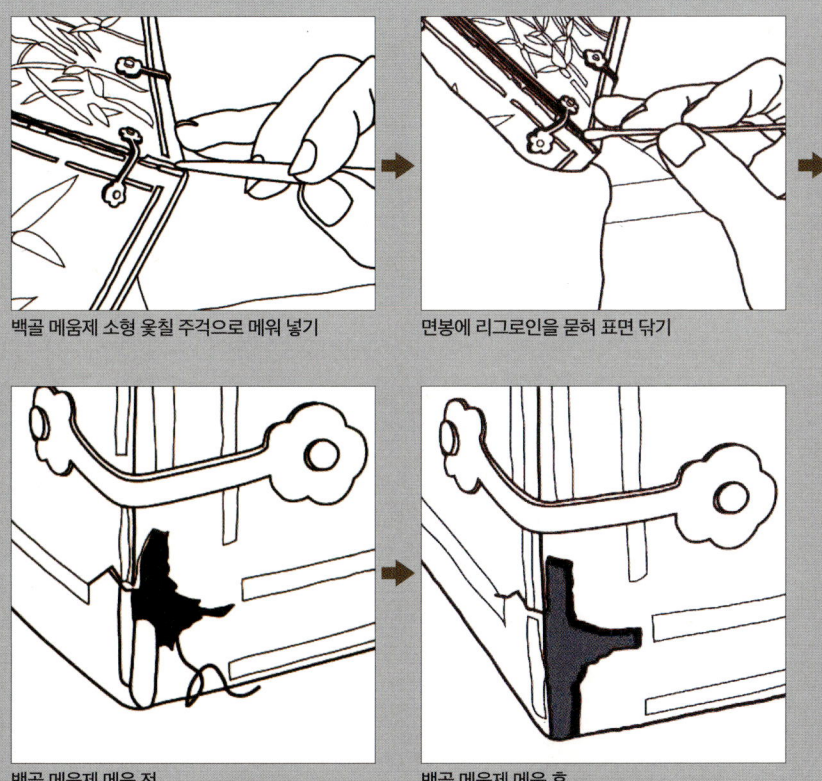

백골 메움제 소형 옻칠 주걱으로 메워 넣기   면봉에 리그로인을 묻혀 표면 닦기

백골 메움제 메움 전   백골 메움제 메움 후

제7장 실제 보존처리

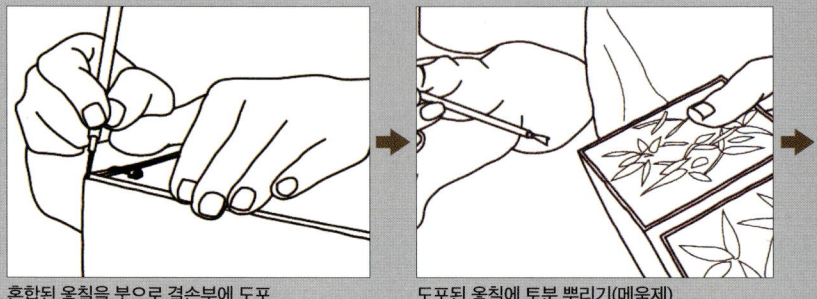

혼합된 옻칠을 붓으로 결손부에 도포   도포된 옻칠에 토분 뿌리기(메움제)

처리 후 모습

9. 강화

규조토분 메움제를 뿌려 메운 표면을 강화해야 한다. 이 단계에서 옻칠 도막 틈서리에 흘러나온 옻칠은 칼로 긁어낸다.

1) 용액 준비

생칠에 석유계 용제로 희석시킨 용액을 준비한다. 이때 녹이는 농도는 재료에 따라 다르다. 밑칠 메움제를 강화할 때는 비교적 높은 강도가 필요하기 때문에 4배 가량 희석한다. 처음부터 진한 농도의 용제를 사용하면 되돌릴 수 없기 때문에, 묽은 용제로 2~3회 정도 써보면서 조절하는 것이 좋다.

리그로인은 휘발성이 높아 농도가 빠르게 변해 강화 작업 용제로 사용하기에는 적당하지 않다. 테레빈유는 사용 가능하지만 수지로 남는 경우가 있어 좋은 결과를 얻지 못할 때가 있다. 특히 오래된 것은 사용하지 않는 것이 좋다.

2) 메움제 뿌리기 강화 처리

세필을 이용해 옻칠을 밑칠 메움 부위에 스며들게 한다. 이때 붓에 조금이라도 기름이 남아있으면 옻칠이 건조되지 않기 때문에 붓에 기름이 남아있지 않도록 잘 닦아내야 한다.

옻칠 상자의 경우 안쪽에는 한지가 붙어 있어 한지에 묻지 않도록 부분적으로 강화하면서 바로 티슈페이퍼로 닦아낸다. 그래도 도막 모서리에 옻칠이 남아 있다면, 오래된 붓 끝부분을 짧게 잘라 두드리듯 닦아주면 된다. 붓이 닿지 않는 곳에는 가는 옻칠 주걱을 사용한다.

마지막으로 주위의 옻칠 도막 표면은 리그로인으로 닦아낸다. 이때 한지 섬유가 면에 붙을 수 있어 주의를 기울여야 한다. 표면의 상태가 고르지 않을 땐 숫돌로 갈아내고 한번 더 동일한 방법으로 작업한다. 토분 메움 부분을 좀 더 검게 하고 싶다면 그 위에 틈서리 메움제를 사용하는 방법도 있지만, 넓은 면을 일정하게 하고 싶을 땐 토분을 살포하는 것이 좋다.

실제로 만져보았을 때 높낮이 차이가 심하면 원래의 도막선과 동일한 높낮이로 맞추는 경우도 있다. 또 수차례 옻칠의 높이를 맞추는 방법도 있다. 하지만 이 방법은 수리라기보다는 복원에 가깝기 때문에, 일반적으로 문화재에는 사용하지 않는다.

10. 틈서리 메움

틈서리는 도막이 박락되어 생긴 틈의 가장자리다. 틈서리 메움은 토분 뿌리기 메움과 달리 균열이나 박락된 틈을 메우는 작업이다. 처리된 부위가 다시 박리되거나 수분과 습기가 흡수되는 것을 방지하기 위해 이뤄진다. 이때 사용하는 재료와 제작 방법은 처리 유물의 상태와 처리자들에 따라 다를 수 있다.

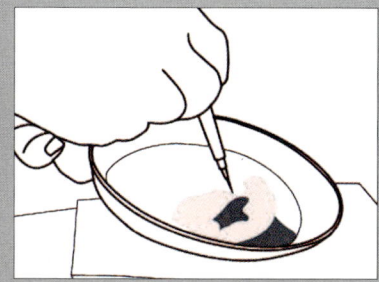
생칠에 석유계 용제로 희석한 용액

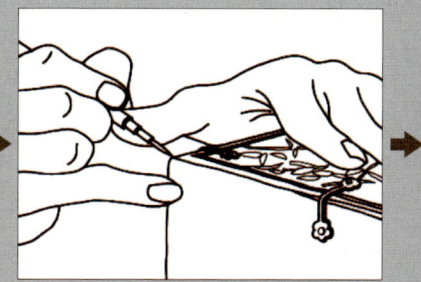
희석된 옻칠을 바탕재로 주입(침투)

강화 후 모습

제7장 실제 보존처리　　**151**

1) 사용 재료

틈서리 메움제는 일반적으로 미세 토분을 사용하는데, 미세 토분은 여러 종류가 있다. 색상을 기준으로 적색 토분, 황색 토분, 백색 토분, 석분 등이 있으며 때로는 와지마 토분을 사용할 때도 있다.

2) 틈서리 메움제의 종류

> **〈대표적인 틈서리 메움제〉**
> · 미세 토분과 물, 생칠을 혼합한 것에 카본이나 검은 안료를 첨가한 메움제
> · 미세 토분에 물을 부어 갠 다음 정제 옻칠을 섞은 메움제
> · 규조토에 물을 부어 갠 다음 생칠을 섞은 메움제

틈서리 메움제마다 특징이 있어 마감 후의 느낌이 다른데, 예를 들어 생칠은 정제 옻칠보다 건조가 빨라 습도가 낮은 환경에서 사용하기 적합하다. 그래서 틈서리를 메울 땐 옻칠 도막 등의 손상 상태에 맞춰 메움제를 제작하는 것이 좋다.

흑색 안료를 사용하지 않고 정제 옻칠만 사용하는 경우도 있다. 대개 처리 유물은 오래된 유물이라서 검은 색소가 빠져나와 갈색으로 변색되어 있다. 이때 흑색 안료를 섞은 메움제로 틈새를 메우면 그 부분만 검게 돋보이게 된다.

※ 일본에서 사용하는 용어 중 사비(錆び)는 옻칠 바탕재의 일종으로, 미세 토분을 물로 반죽하여 옻칠을 혼합한 메움제를 의미한다. 건조하면 금속의 녹처럼 보인다고 해 붙여진 이름이다. 옻 사비(漆 錆び)는 일본용어다.

3) 틈서리 메움제로 메우기

균열이나 결손 부분을 메울 때는 작은 칠주걱이나 붓을 사용해 메움제를 깊게 스며들도록 한다. 이때 배어 나온 메움제는 천이나 티슈 등으로 깨끗하게 닦아낸다. 닦아내는 방법에 따라 오히려 도막에 흠집이 생길 수 있어 힘을 빼고 조심스럽게 닦아내도록 한다. 옻칠 도막에 옻칠이 남아 있으면 티슈나 천에 리그로인을 묻혀 닦아낸다. 이 과정을 수차례 반복하면 오히려 메워진 부분까지 닦일 수 있으니 조심해야 한다. 처리할 때 사용하는 주걱의 크기는 손상 부위에 맞게 각자 제작해 사용하면 된다.

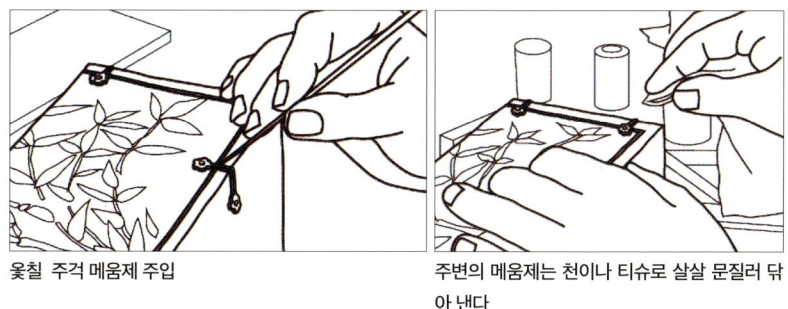

옻칠 주걱 메움제 주입 　　　　　주변의 메움제는 천이나 티슈로 살살 문질러 닦아낸다

제7장 실제 보존처리

일러두기

1. 글 중에 이해가 힘든 일본용어는 다음과 같이 사용했다.
    - 地の粉(Jinoko) → 토분(土粉)
    - 砥の粉(Tonoko) → 미세 토분(微細土粉)
    - 刻苧(Kokuso) → 백골 메움제
    - 蒔地(Makiji) → 메움제 뿌리기
    - 際錆(Kiwasabi) → 틈서리 메움

2. 2005년 도쿄국립문화재연구소와 로마 국제문화재보존복구연구센터(ICCROM)가 공동으로 유럽, 미국에서 9명의 연수생을 선발해 국제연수회「옻칠의 보존과 수복」(Urushi, 2005 International on Conservation of Japanese Lacquer, 2005)를 개최했다.

3. 「Restoration of Urushi of Art Objects」 마쓰모토 타츠야(松本達也)가 칠예품의 수복에 대해 쓴 교육 자료다. 사전에 저자를 만나기 위해 백방으로 노력했으나 만나지 못하고 2019년 2월 무로세 카즈미(室瀬和美, 중요무형문화재(蒔絵) 인간국보) 선생의 승인을 받고 이 글을 인용했음을 일러둔다.

4. 좀 더 알기 쉽게 옮기려고 노력했으나 한계가 있었다. 그리고 본문에 없는 내용은 필자가 더 추가해 써넣은 것이다.

5. 우리나라는 메움 재료를 일본과 달리 고대부터 골분을 섞어 사용해 왔다. 이는 과학적 조사로 확인되었으며, 국내 유물을 보존처리할 때 이 부분을 고려하기 바란다.

초보자가 많이 하는 질문

재료와 도구

Q. 옻칠은 어느 정도 보관이 가능한가요.
A. 온도가 일정한 지하실이나 냉장고 보관을 추천한다. 옻칠의 종류나 품질에 따라서 다르지만, 몇 십 년 정도 경과해도 사용가능하다. 단 건조가 늦게 된다거나 수분이 증발되어 굳는 경우가 있다. 그런 옻칠은 건조가 빠른 옻칠이나 부드러운 옻칠을 섞어서 사용하면 된다. 새 옻칠에 오래된 옻칠을 섞어 사용할 경우에는 반드시 건조 테스트를 수차례 반복한 후에 목적에 맞게 부합하는 옻칠을 만들어 사용하면 된다.

Q. 건조한 장소에서 유물을 보존처리할 때 습도를 올리면 문제가 발생하나요.
A. 옻칠 공예품은 빠른 환경변화에 손상을 입는 경우가 있다. 또 손상된 옻칠 공예품의 손상범위를 확대시킬 우려도 있다. 보존처리 장소, 또는 보관고의 습도는 시간을 두고 서서히 올려 주는 것이 좋다. 옻칠 공예품에 습도가 주어지면 목재(백골)의 뒤틀림이나 균열 등이 제자리로 돌아오려는 탄력을 갖게 된다.

Q. 곰팡이 문제는 없는지.
A. 습도가 올라가면 곰팡이가 생기기 쉬운 환경이 된다. 곰팡이가 발생한 경우 정제수로 제거한 다음, 알코올로 표면을 처리한다.

Q. 곰팡이에 대한 대책은 어떻게 하는 것이 좋은가요.
A. 대책은 정기적으로 하는 것이 좋다. 옻칠 공예품에 생긴 곰팡이가 뿌리내리기 전에 제거하는 것이 좋다.

Q. 옻칠 공예품에 금속장식이 부착되어 있는 경우, 습도가 높아지면 금속에 부식이 발생하는데, 이런 경우 어떻게 하나요.
A. 복합재료로 사용된 유물의 경우, 가능한 습도 부담을 주지 않는 방법으로 처리를 하는 것을 추천한다. 양질의 옻칠을 사용하면 다소 습도가 낮아도 건조된다. 아니면 습도가 높은 계절에 옻칠 건조작업을 하는 것도 방법이다.

세척

Q. 옻칠 도막의 열화상태를 파악할 때 광택의 정도를 보고 판단합니까.
A. 옻칠 도막의 광택으로 판단한다. 광택이 있으면 열화가 진행되지 않은 것으로 판단해도 좋다. 그러나 후에 도료가 칠해졌는지 주의 깊게 관찰해야 한다.

Q. 딱딱한 오염물이 부착되어 있는 경우, 다른 제거방법이 있습니까.
A. 오염물 부착이 심각한 경우 또는 부분적으로 세척을 하고 싶을 경우에는 고무나 나무, 대나무 주걱에 천을 감싸서 제거한다. 후에 옻칠로 보수한 부분이 제거되지 않을 경우에는 칼을 사용한다. 칼을 사용할 때는 세심한 주의가 필요하다.

Q. 금속장식 클리닝은 어떻게 합니까.
A. 기본적으로 금, 은, 동 등으로 된 장식에는 세척을 하지 않는다. 장식을 세척하면 녹 부분이 제거되어 주변 장식과 조화가 상실되어 시대성(가치)을 잃게 된다. 녹 그 자체가 아름다움의 하나로 미의식을 갖게 된다.

안정화 처리(Facing)

Q. 안정화 처리(박락을 예방하기 위해 작게 오려 붙인 안피지 띠)만하고, 나중에 수리를 하는 경우도 있습니까.
A. 있다. 단 안정화 처리 그대로 수리하면 도막에 흔적이 남는 경우가 생긴다. 이것은 사용한 풀의 강도나 도막의 열화상태에 따라 다르게 나타난다.

Q. 옻칠 도막이 물에 반응하는 경우 어떻게 합니까.
A. 이런 경우 그 부분은 피하고 양생지(養生紙)에 접착방법을 새로이 강구해야 한다. 도막이 떨어질 것 같다면 원래 위치에 접합할 수 있도록 기록하고 따로 보관해 둔다.

Q. 농도가 짙은 풀을 사용합니까. 아니면 약한 풀을 사용합니까.
A. 안피지에 도포했을 경우, 자연스럽게 퍼질 수 있는 정도의 약한 농도의 풀을 사용한다.

옻칠 굳히기

Q. 옻칠 굳히기 단계에서 여분의 옻칠을 닦아내기 전에 시간을 두는 것이 좋습니까.
A. 그렇다. 다 스며들었다고 판단될 때 닦아낸다.

Q. 옻칠 굳히기를 하고 접칠(옻칠 후 천으로 닦아내는 기법)을 하는 경우가 있습니까.
A. 없다. 문화재처리의 경우 여분의 옻칠은 모두 제거해야 한다.

Q. 옻칠 건조장의 재질은 무엇입니까.
A. 침엽수재로 물에 강한 소재를 사용한다. 분무기 등으로 습기를 줄 때 건조장 습도는 대체로 65~70% 정도로 해준다.

Q. 온도는 어떻습니까.
A. 약 20℃ 이상이 되지 않으면 건조가 어려워진다. 겨울에는 전열기를 넣어 따뜻하게 하거나 실내 온도를 올려 약 20℃로 유지하도록 한다.

바탕 토회칠 강화

Q. 강화라고 하는 것을 어떻게 이해하면 됩니까.
A. 파손된 바탕재나 강도를 잃어버린 부분에 희석된 맥칠을 침투시켜 도막의 접착이 가능하도록 강도를 올려주기 위해서다.

Q. 도막이 결손된 부분, 긁힌 부분을 동일하게 처리합니까.
A. 긁힌 부분은 생칠에 리그로인으로 희석해 사용한다. 생칠에 리그로인으로 희석해 사용하면 끈적임이 없다. 맥칠에 리그로인을 희석해 바탕재 강화와 접착을 겸해 사용할 수 있다.

Q. 강화(굳히기)라 함은 형태가 없는 부분을 채우는 것을 말하는 것이 아닙니까.
A. 바탕재에 옻칠을 침투시켜 굳히는 작업을 말한다.

Q. 오래된 밀가루를 사용하는 것이 좋습니까.
A. 새로운 것을 사용하는 것이 좋다.

Q. 바탕에 묻은 여분의 옻칠도 닦아냅니까.
A. 그렇다. 토회칠(바탕재)에 침투한 옻칠만 남겨놓고 여분의 옻칠은 닦아낸다.

Q. 주칠(朱漆)의 경우는 어떻게 합니까.
A. 그런 경우에는 투칠을 사용한다.

맥칠 주입과 옻칠 도막 고정

Q. 이 맥칠은 자개를 접착하기 위해서입니까.
A. 박락된 도막과 자개이다. 비교적 두꺼운 자개는 맥칠을 사용하고, 얇은 자개는 색조의 변화를 고려해서 아교를 사용한다. 단 자개가 두껍고 구조적으로 약해 아교로 접착이 약하다고 판단되면 맥칠을 사용한다.

Q. 얇은 자개의 경우, 왜 옻칠이 부적합합니까.
A. 얇은 자개의 경우 아교로 접착하는 경우가 많다. 옻칠로 접착할 경우 색상이 변한다. 그리고 옻칠로 접합하면 색상이 어두워진다.

Q. 맥칠은 자개만 아니라 도막의 접착에도 사용됩니까.
A. 오히려 박락된 도막의 접착을 위해 사용한다.

Q. 이 작업에서 맥칠 이외에 과학적인 접착제를 사용하는 경우도 있습니까.
A. 거의 없다.

Q. 도막에 열을 주어 작업을 하는 경우가 있습니까.
A. 옻칠의 도막은 열에 약하고, 변색되기 쉽고, 광택이 없어질 가능성이 있어 사용하지 않는다.

Q. 받침대는 어떤 재료로 만듭니까.
A. 경량의 목재로 만든다. 곡면이 있는 유물에 한해서는 발포스티로폼으로 제작하기도 한다.

Q. 고정(압착)할 때 제자리로 되돌린 옻칠 도막이 어긋났다면 특별히 이를 위해 대응대책은 없습니까.
A. 특별한 방법은 없다. 접착 작업을 가능한 오전 중에 하고 귀가하기 전에 확인해보는 것이 좋다.

Q. 현 위치에서 어긋나 굳어버린 경우에는 어떻게 합니까.
A. 하루정도 지났다면, 얇은 칼을 속으로 넣어 떼어 낼 수가 있다.

아교 교착

Q. 막대아교와 알아교 중에 어떤 아교가 더 강합니까.
A. 알아교가 접착력이 더 강하고 투명하다. 안료 등을 넣을 경우는 조금이라도 투명도가 있는 편이 좋다고 생각한다.

Q. 받침대는 아크릴로 만듭니까.
A. 유연성이 있는 플라스틱제 등으로 만든다.

Q. 박리 등은 나전에서 자주 볼 수 있는 문제입니까.
A. 그렇다. 이번 나전 쟁반은 조각도로 조각을 새기고, 주칠을 한 불안정한 요철이 있는 곳에 자개를 붙여놓아 박리현상이 일어나기 쉬운 상태였다.

Q. 왜 옻칠을 사용하지 않나요.
A. 이런 경우 옻칠을 사용하면 자개의 박리부분이 검게 되어 색을 우선으로 생각하면 아교가 자연스럽다.

백골 메움

Q. 메움제(목분)를 선택 할 때 소나무의 경우는 송진이 포함되어 있지 않습니까.
A. 포함되어 있지 않은 재료를 선택한다.

Q. 어느 정도 강도의 상태로 어떤 유물에 사용한다는 기준이 있습니까.
A. 백골의 균열에 따라 분류된다. 거친 목분을 섞은 백골 메움제로 메운 다음, 고운 목분을 섞은 메움제로 마무리한다. 고운 목분으로 만든 메움제는 밀도가 높아 두껍게 메우면 표면만 건조되고 내부 건조는 늦게 된다. 얇게 메울수록 확실하게 건조시킬 수 있다.

Q. 충전은 이것이 마지막입니까.
A. 이번 처리에서는 손상도가 그리 심하지 않아 마무리 단계에 가장 고운 목분을 넣은 메움제를 사용했다. 이보다 손상이 심각한 부위에는 거친 목분 메움제로 메우고, 다음으로 고운 목분으로 메운다.

Q. 마무리 단계에서 메움제 높이는 도막층과 동일한 높이로 완성합니까.
A. 아니다. 도막층보다 종이 1~2매 정도 단차를 낮게 한다.

Q. 백골 메움제는 습도를 올리지 않아도 건조됩니까.
A. 밀가루 반죽할 때 수분이 들어있기 때문에 자연건조가 된다.

Q. 백골 메움제를 제거 할 필요가 생겼을 경우 제거 가능합니까.
A. 제거할 경우가 발생하면 긁어내는 방법 이외는 없다. 단 백골의 균열 부위에 충전해 보강했기 때문에 이를 제거 할 필요는 없다.

메움제 뿌리기

Q. 다른 지역에서는 다른 재료를 사용하고 있습니까.
A. 처리자에 따라 다르다. 와지마 토분을 사용하기 전까지는 교토에서 구해지는 토분을 사용했다.

Q. 주색칠을 할 때는 어떤 재료를 사용합니까.
A. 고운 토분에 안료를 섞는다. 시간이 경과할수록 색이 변하기 때문에 색 맞추기가 매우 어렵다.

Q. 붓에 옻칠을 묻힐 때 전체적으로 묻혀야 하는지요.
A. 그렇다. 붓의 끝부분만 적실 경우에는 붓의 움직임이 가벼워지는 것과 작업 중에 옻칠이 조금씩 건조해져, 충분하게 옻칠이 적셔지지 않으면 건조가 빨라져 붓이 굳어버리게 된다.

Q. 굳히기는 항상 마지막입니까.
A. 토분을 고착시키기 위해서는 마지막에 굳히기 작업을 한다.

강화

Q. 생칠을 희석할 때 리그로인도 사용할 수 있습니까.
A. 리그로인의 경우 휘발이 빨라 농도가 변할 수 있어 굳히기 작업에는 적당하지 않다.

Q. 테레빈유는 사용합니까.
A. 사용하지만, 진(수지)이 남을 수 있어 좋은 결과를 얻을 수가 없다. 특히 오래된 것은 사용하지 않는다.

틈서리 메움

Q. 고운 토분과 옻칠의 혼합비는 1:1입니까.
A. 그 정도이다. 단 고운 토분에 물을 많이 넣어 사용하는 것은 적당하지 않다.

Q. 흑색 안료를 사용하지 않고 투명 흑칠로만 사용하는 경우도 있습니까.
A. 자주 사용한다. 처리유물의 도막은 열화된 상태로 흑색 색소가 빠져나가 갈색으로 변색되어 있는 곳에 흑색 안료를 넣을 경우, 틈서리 메움 사이 부분만 검게 된다. 미리 예측을 하여 투명 옻칠을 사용해 만든 메움제로 사용하는 것이 나중에 조화롭게 된다.

Q. 틈서리 메움제가 건조되면 수축됩니까.
A. 정확하게 말하면 수축은 되지만 눈으로 관찰했을 때 거의 확인하기 어려울 정도이다. 틈서리 메움제는 부위에 따라서 2~3회하는 경우도 있다. 수축은 건조되면 판단할 수 있다.

Q. 옻칠 건조장에 넣습니까.
A. 수분이 빠진 다음, 건조장에 넣는다. 투명 옻칠을 넣어 만든 메움제는 건조하기 어려워 건조장에 넣어 건조한다.

Q. 고운 토분과 토분의 차이는 무엇입니까.
A. 고운 토분은 입자가 곱고, 토분은 약간 거칠다. 그러나 육안으로 구분하기 힘들다. 모두 미세 가루이다.

Q. 토분 뿌리기와 틈서리 메움제 모두 사용합니까.
A. 그렇다. 토분 뿌리기를 한 위에 틈서리 메움제로 메우는 경우도 있다. 수복된 부분이 위화감 없이 주변 도막에 어울리는 색조와 촉감으로 마무리된다면 기법의 선택은 자유이다.

Q. 단차가 있는 부분에 수차례 틈서리 메움제를 사용하는 것이 좋습니까.
A. 틈서리 메움제 역할은 유물을 다룰 때 부주의로 다시 박락되는 것을 막기 위해서다. 몇 차례 이상 사용해도 상관은 없으나 필요 이상 사용하는 것은 옳지 않다.

제8장

목조불상의 올바른 처리

목조불상을 만들 땐 스님, 시주자, 조각승(장인)이 하나가 되어 염원하는 불상을 조성한다. 불상의 종류는 예배의 대상에 따라 석가모니불, 비로자나불, 아미타불, 약사불, 미륵보살, 관음보살, 문수보살, 보현보살, 대세지보살, 지장보살 등 다양하다. 이 불상의 수인(손 갖춤)이나 법의도 각각 다르다. 또 조성 시기와 지역, 장인에 따라 불상의 모습이 다르다.

1. 현상유지 보존처리와 수리복원의 차이

오랜 세월이 지나면 환경에 따라 정도의 차이는 있겠으나 개금된 금박이 벗겨지거나 충해가 발생하고, 불상의 조립 등이 느슨해져 처리를 기다리는 불상들이 많아진다. 이때 처리의 방향을 어떻게 할 것인지 정하는 것이 중요하다.

(1) 현상유지 보존처리

금박이 떨어져 나간 부분은 새롭게 금박을 입히지 않고, 더 이상 박리 박락되지 않도록 고착해주는 처리를 한다. 만약 목재가 심하게 부후된 부분을 교체할 경우에는 당시에 사용한 도구를 제작하여 처리(수리)하기도 한다.

물론 어떻게 해서든 처음 조성 당시 불상의 모습을 그대로 살리려 노력하는 것이 가장 좋은 현상유지 보존처리 방법이다. 일본의 경우 국보나 중요문화재로 지정된 문화재는 문화청이 정한 수리 규정에 따라 현상유지 처리를 하는 것을 원칙으로 하고 있다.

필자는 2018년 11월 교토 정유리사(淨瑠璃寺, 조루리지) 법당에 안치되어 있는 구체아미타여래좌상 아홉 분을 보러 갔는데 일곱 분만 계셨다. 그리고 두 분이 있던 자리에는 이런 내용이 적혀 있었다.

> "明治 30년(1897) 대에 수리하고 100년이 경과하여 금박이 들떠 일어나고, 대좌 부분의 결손(虫·소동물 등에 의해?) 등이 확인되어 平成 30년(2018년)부터 5년 계획으로 수리수복을 진행합니다. 선인이 남긴 귀중한 신앙과 문화의 모습을 후세에 전하기 위해 이해를 부탁합니다. 주지 경백"

이 불상은 5년 후 보존수리를 마치면 어떤 모습으로 변할까. 현재의 모습과 비교해 보는 것도 흥미롭다. 佐伯功勝(淨琉璃寺 住職)스님을 만나 수리방법에 대해 물었더니 현상유지 보존처리라고 했다. 혹시 금박을 새로 개금하느냐고 물어봤더니 깜짝 놀라며 현상유지 보존처리라고 다시 한 번 강조했다.

문화재수리는 수천 년에서 수백 년 이어 내려온 문화재를 후세에 전하기 위해서는 일정한 기간마다 수리를 해야만 한다.
淨瑠璃寺(조루리지) 구체아미타여래좌상(9점)은 2018년 4월부터 2023년 3월까지 5년 동안 일본 나라국립박물관내 미술원 국보수리연구소 공방에서 수리 중에 있다. 본존불(높이 22m)
(이 사진은 窪寺 茂 氏가 2007년 촬영한 사진이다. 2022년 6월 淨瑠璃寺로부터 승낙을 받고 게재한다.)

(2) 수리복원

우리나라에서 실시하고 있는 방법으로, 모든 금박을 사포나 도구를 이용해 벗겨내고 새롭게 개금(금박을 붙이는 작업)하여 새 불상처럼 처리하는 방식이다. 사찰의 요청인지 알 수는 없으나, 신앙의 대상인 불상을 수리할 땐 기존 금박을 벗겨내고 새롭게 옷을 입혀드리는 편이다. 사실 1960년 후반부터는 개금 과정에서 전통재료인 옻칠을 사용하지 않고 화학도료인 캐슈를 접착제로 사용해왔기 때문에 이것을 벗겨내는 처리를 병행하는 것이다. 기존의 금박을 벗겨낼 때 주로 사포로 갈아내기 때문에 이 과정에서 섬세한 조각이 손상을 입게 될 가능성이 있어, 제작 당시의 모습과 약간의 변형이 올 수 있다.

불상 보존처리의 기본 원칙은 종교적, 학술적, 기술적, 역사적, 예술적, 문화재적 가치를 함께 되살려 신앙적·학술적 연구 자료로 활용할 수 있어야 한다는 것이다. 이를 위해 지금부터라도 개금 전문가가 아닌 보존처리 전문가를 양성해야 한다. 또 다음 페이지에서 언급하는 120년의 불상조각 보존처리 역사를 가진 일본 교토 미술원 국보수리연구소와 같은 전문보존처리연구소를 우리도 국가적 차원에서 설립해야 한다.

우리나라에는 현재 전통건축에 필요한 중요 목재 부재를 체계적으로 보관하고 연구하는 문화재청 산하 특수법인 한국건축수리기술진흥재단이 있다. 이와 같이 전통기술을 바탕으로 국보·보물 등 중요문화재를 전담해 보존처리할 수 있는 특수법인 보존처리연구소를 설립해 전문가 양성을 하면서 우리 문화재에 적합한 전문적인 보존처리가 이루어져야 한다.

이 목조약사여래좌상(平安時代, 10~11세기)은 일본 교토 海住山寺에서 모시는 불상으로, 비지정 문화재다. 2012년 미술원 국보수리연구소에서 현상유지 보존처리를 시행했는데, 한눈에 보아도 보존처리 전과 보존처리 후의 상태에는 큰 변화가 없다.

또 심곡사 목조보살좌상(조선시대 후기, 서울시 유형문화재 337호)는 화학 캐슈칠로 개금된 기존의 금박을 제거하고 원주산 전통 옻칠을 사용해 개금처리를 했다. 우리나라의 목조불상, 소조불상 등의 보존처리는 대개 이와 같은 방법으로 처리하여 새로 조성한 불상처럼 복원되는 경우가 많다.

2. 미술원 국보수리연구소가 하는 일

일본 교토 미술원 국보수리연구소 공방은 京博工房(교토국립박물관 내), 奈博工房(나라국립박물관 내), 九博文化財保存修復施設(큐슈국립박물관 내), 西洞院工房(京都市 下京區 七条工房) 4곳이 있다. 교토국립박물관, 나라국립박물관, 큐슈국립박물관 공방은 국보, 보물(중요문화재) 등 목조조각 불상 등을 주로 보존수리하고 西洞院工房(교토에 있음)은 개인 사찰 등 비지정 문화재를 수리하고 있다.

앞서 말한 것처럼 西洞院 공방은 주로 개인이나 사찰에서 요구하는 목조불상과 같은 비지정 문화재를 수리하고 있다. 예를 들어 불상 전체에 새로 금박을 입혀 달라고 주문하면 그대로 수리하는데, 대부분 현상

보존처리 전
모습

일본 平安時代(10~11세기) 海住山寺 목조약사여래좌상 2012년 교토 미술원 국보수리연구소에서 보존처리

보존처리 후
모습

보존처리 전
모습

서울특별시 유형문화재 제337호 심곡사 목조보살좌상. 화학 캐슈도료 제거 후 옻칠 개금

보존처리 후
모습

교토국립박물관	나라국립박물관	큐슈국립박물관	京都市 下京區 七条工房
京博工房	奈 博工房	九博文化財保存修復施設	西洞院工房

유지 처리 방법을 고수한다. 또 교토, 나라, 큐슈국립박물관 내 공방은 현상유지 보존처리를 기본 원칙으로 대부분 국가지정 문화재를 수리한다.

필자는 2018년 3월 22일 일본 교토에 있는 미술원 국보수리연구소 西洞院工房(七條工房)에 방문해 藤本 靑一 所長(정년퇴임 후 常務理事로 재직)을 만나 미술원의 운영과 목조 조각 보존수리에 대한 설명을 듣고 왔다. 당시 경청한 내용을 요약하면 아래와 같다.

1) 1960년대 이전의 역사

미술원이 문화재 수리를 시작한 것은 메이지시대(明治 1868년~1912년) 이후부터다. 1897년 국보와 고물(古物)을 소중히 여기자는 정신을 바탕으로 고사사보존법(古社寺保存法)이 제정되면서 국가 보조금으로 수리할 수 있도록 성문화되었다. 이듬해 1898년 오카쿠라 텐신(岡倉天心)에 의해 일본 미술원이 창설되었다. 오카쿠라 텐신은 미술원 국보수리연구소를 설립하는데 큰 공을 세웠고, 니이로 추노스케(新納忠之介)는 불상 조각 수리기초를 세운 조각가로 2,631점의 불상 등 많은 문화재를 수리했다. 특히 처리 전후 사진과 상세한 기록을 남겨 현재 문화재 수리의 기초를 구축한 인물이다.

특히 주목할 것은 1937년~1956년까지 전쟁 중에 묘법원 三十三間의 千體千手觀音을 매년 50구씩 19년간 수리해왔다는 점이다. 이후 1998년에 문부성(현 문부과학성) 소관 재단법인으로 승격되어 오늘에 이르고 있다.

2) 1960년대 이후의 역사

1976년 목조 조각 수리보존 기술 보존단체로 선정(문화청 주관)된 미술원은 올해로 창립 122주년이라는 장구한 문화재 수리의 역사를 가지고 있다. 그 우수성을 인정받아 2008년 미술원의 목조 조각 수리보존 기술은 유네스코 세계무형유산 등록 후보로 선정되기도 했다. 1976년 보존기술 제1호로 선정되었기 때문에 후보로 등록된 것이다. 이를 기반으로 오늘날까지 목조 조각 중심의 문화재를 수리하고 있다.

현재 수리 중인 불상조각은 제작 당시부터 손대지 않고 지금까지 전해진 문화재로, 몇백 년에 한번 또는 수십 년에 한번 정도 수리해 거의 완전 상태로 보존되어 있는 상태다. 국보와 중요문화재의 불상수리는 역사상 몇 번의 수리가 되어 왔으나, 메이지 시대를 경계로 이전과는 다른 수리방법을 고수하고 있다. 이처럼 미술원은 문화재 형상 그대로 더 이상 손상되지 않도록 수리해 후손에게 전하는 현상유지 보존처리를 기본 원칙으로 하고 있다. 이 이념은 1898년 미술원 창립 무렵부터 120년이 지난 지금까지 유지되고 있다.

3) 채용 및 인재 양성

미술원은 매년 11월 수리후계자를 채용하고 있다. 26세 이상 연령 제한이 있으며, 해마다 다르지만 대체로 톱이나 끌 등을 사용해 소형 작품을 제작하는 실기시험과 불상 데생, 미술사, 조각사를 중심으로 필기시험과 면접시험을 치른다. 응모자가 많아 1차, 2차 시험으로 나누어 10명씩 실기시험을 보고, 최종적으로 1명을 채용하며 외국인은 채용하지 않는다.

지난 10년 간 15명을 채용했는데 예술대학원 졸업생 5명, 예술·미술계 대학 졸업생 8명, 문화재계 대학 졸업생 1명, 일반대학 졸업생 1명을 채용했다. 채용되면 모두 문화재 수리에 대한 기본 기술부터 새로이 배운다.

입사 후 약 10년 정도 경험이 쌓이면 개개인이 문화재 수리의 책임을 지는 담당자 체제로 운영하고 있다. 현재 목조 조각 불상 등은 연간 50~60건 정도 수리하고 있다.

수리기술자로 입사하면 도구를 제작하는 것부터 시작해 목공, 옻칠공, 조각공, 화공 등 전 분야를 통틀어 훈련 받는다. 다양한 문화재를 수리할 수 있는 기술자로 육성하는 것이 목적이기 때문에 처음부터 전문 분야를 나누지 않는다. 나중에는 가장 잘하는 분야의 기술을 중점적으로 수행해나가는 방식이며, 각자 자기만의 도구를 사용해 목조를 조각하는 목공 훈련도 진행한다.

4) 수리 재료와 도구

전통재료인 목재, 옻칠, 아교, 안료, 금박 등 다양한 재료를 다루는 훈련을 한다. 가장 비율이 높은 재료는 목재이며 전통적으로 녹나무, 느티나무, 비자나무를 사용하지만 기본적으로 비슈(尾州) 편백나무로 수리한다. 그러나 줄기가 직경 80㎝ 이상 규모인 양질의 목재를 구하기 어려워, 교토 목재상에 의뢰하여 줄기 80㎝, 길이 5m 목재를 매년 4본 정도 구입해 보관하고 있다가 5년이 지나면 사용한다. 옻칠은 100% 일본산 옻칠을 구입한다. 연간 40~60㎏ 정도 구입하여 교토 옻칠상점에 예탁해 두고 있으며, 항상 200㎏ 정도 기본으로 보관하고 있다.

5) 수리연구

미술원 국보수리연구소는 목조불상 수리 외에도 수리연구를 진행하고 있다. 특히 모조모각(模造模刻)의 고대 기술기법과 재료를 조사해 당시 사용한 도구들에 대해 깊이 있게 조사하고 있다. 수리 과정에서는 비파괴 X선 조사, 형광 X선 분석조사 등 과학적 조사를 실시해 재료에 대한 기법을 기반으로 올바른 수리기술을 구축하고 이를 실제 수리에도 적용하고 있다.

맺음말

문화재 보존처리에 전통재료를 사용해야 하는 이유는 간단하다. 문화재가 역사 그 자체이기 때문이다. 한국인의 미(美) 의식에서 비롯된 기술로 제작된 선인들의 창조 작품이자 그 어디에도 없는 유일무이한 존재를 제작 당시 사용한 전통재료로 보존처리하지 않으면, 이미 원형의 가치를 잃어버린 것이나 다름없다.

지금부터라도 현상유지 보존처리 방식을 고집하지 않으면, 후손들은 변해버린 문화재를 우리 역사라고 배우게 될 것이다. 이것이 과연 현재를 살고 있는 보존처리자와 보존수리 기능인, 국가정책 책임자들이 그 책무를 다 한 것인지 한 번쯤 생각할 필요가 있다. 사람은 죽으면 땅으로, 물로, 수목으로, 바람으로 사라지지만 문화재는 자손 대대로 전해져야 하는 소중한 우리 민족의 정체임을 기억해야 한다.

문화재는 각 시대별로 유행한 재료와 숙련된 기술이 만나 장인의 마음을 전하는 작품이다. 그 중 철제불상, 청동불상, 목조불상, 소조불상, 건칠불상, 나전칠기 등 옻칠이 사용된 문화재가 의외로 많다. 특히 목조불상은 나무 면에 삼베와 토회칠, 옻칠, 금박 등의 공정을 거쳐 옻칠로 금박을 여러 번 올려 개금하기도 한다.

그러나 문화재 보존처리기본원칙은 '현재의 상태를 유지하는 범위 내에서 전통재료와 기술로 보존처리를 하는 것'이다. 종교적 입장에서는 부처님을 상징하는 불상이니 만큼 깨끗하게 옷을 입혀야 한다는 신앙적인 요구가 강해 모두 새로 제작된 불상처럼 변하지만, 있는 그대로 보존해 학술적·기술사적 자료로 후세에 남겨주는 현상유지 보존처리가 되어야 한다. 이는 한 개인의 노력에만 기대지 말고, 국가지정문화재를 보존처리할 때 종교·학술·자료적 가치의 중요성을 함께 따져 국가적으로 처리기준을 만들고, 그 기준에 따라 보존처리하도록 해야 한다.

하지만 국가 지정문화재처리에 있어서는 안 될 일들이 일어나고 있다. 개금을 할 때 전통재료인 옻칠을 사용하는 것이 마땅한 일인데, 1960년대 후반부터 옻칠 대용 도료인 캐슈로 금박을 붙이고 있기 때문이다. 다루기가 까다로운 전통재료 옻칠보다 훨씬 편리해 우리나라 장인들이 애용하는 것은 물론, 거의 모든 불상을 개금할 때 접착제로 사용 중이다. 안타까운 것은 문화재 처리에 캐슈를 사용하는 국가는 우리뿐이라는 것이다. 이러한 처리 환경 속에서 전통 옻칠 재료와 기술이 서서히 퇴보하는 절체절명의 위기에 처해 있는 것이 현실이다.

거듭 강조해 말하지만 장인은 전통을 지키는 기술자로, 자부심과 명예가 걸려있는 자리다. 남들이 할 수 없는 전통기술에 투철한 고집을 더해 선인의 미(美)를 되살리는 고된 일을 묵묵히 수행해야 하기 때문에 존경을 받는 것이다. 하지만 문화재 보존처리에 현대 재료가 사용되면 모양은 옛 문화재인데 그 속은 절충식 문화재로 전락하는 것이나 다름없다. 이들에게는 장인이라는 수식어에 대한 사명감을 되새기며 고려시대 장인의 정신으로 되돌아가는 운동이 일어나야 한다. 이에 대해 안일한 장인정신과 정부의 무관심이 계속된다면 우리 문화재의 자존심마저 무너져 내린다는 사실을 하루 속히 깨달아야 한다.

물론 이 상황은 장인만 노력한다고 해결될 문제가 아니다. 국가 역시 지금이라도 올바른 문화재 보존처리의 중요성에 눈을 돌려 새롭게 방향을 정하고 체계적으로 관리해, 한마음 한뜻으로 문제를 개선하고 바른 길로 나아가야 한다. 이를 위해선 보존처리 연구자들도 분발해야 한다.

법고창신 法古創新 (옛것을 본받아 새로운 것을 창조한다)
온고지신 溫故知新 (옛것을 익히고 그것을 통하여 새것을 알다)

문화재 보존처리에 입문하면 많이 듣게 되는 사자성어다. 자칫 잘못 이해하면 새로운 재료를 개발해 보존처리하라는 뜻으로 착각할 수 있다. 그러나 이는 선인들의 우수한 기술과 재료를 기반으로 이를 더욱 발전시켜, 새로운 현대 제품 제작에 적용하라는 의미일 뿐 우리 문화재 처리에 현대적인 재료를 사용해도 좋다는 뜻이 아니다. 이는 국가 무형문화재 기술·기능보유자를 지정하는 것만 봐도 알 수 있다. 새로운 재료를 사용하는 것이 무관하다면, 국가적으로 무형문화재를 지정해 관리할 필요성이 없기 때문이다.

필자는 마지막으로 문화재 수리에 절대 변하면 안 되는 세 가지 요소를 다시 한 번 강조하고자 한다. 바로 장인정신과 전통기술, 전통재료다. 이 셋은 우리 문화재 보존 분야를 살리는 최고의 자산으로 이어져갈 것이다. 중요무형문화재(인간문화재)는 기술뿐 아니라 장인정신을 함께 전해주었으면 한다. 기술과 정신이 함께 하지 못하면 존경받는 장인이 될 수가 없다는 진리를 깨우치며, 모쪼록 문화재 보존의 원칙을 스스로 지켜나가는 장인이 많이 배출되길 바란다.

현대 과학기술로 만든 석유계 합성수지를 문화재에 사용한 것은 고작 70~80여 년 밖에 지나지 않았다. 문화재 처리에 필요한 재료를 확보하는 데 집중하는 것은 지금부터 시작해도 아직 늦지 않았다. 어떠한 일이 있어도 이 세 가지 요소가 미래로 전해지도록 우리 모두가 노력해야 할 때는 바로 지금이다.

인용 및 참고 문헌

〈국내〉

국립중앙박물관 ㅣ 「천년을 이어 온 빛 나전칠기」 ㅣ 고호출판사 ㅣ 2006.9

국립김해박물관 ㅣ 「고대의 빛깔 옻칠」 ㅣ 디자인공방 김새얼 ㅣ 2019.6

정영환 ㅣ 「옻칠」 ㅣ 민속원, 국립문화재연구소, 중요무형문화재 제113호 ㅣ 2006

권상오 ㅣ 「漆 공예 천연칠의 매력과 표현기법」 ㅣ 도서출판 조형사 ㅣ 1997.7

국립중앙과학관 ㅣ 「-옻칠-」 ㅣ 계레과학기술 조사연구 20 ㅣ 2016.10

李宣周 ㅣ 「朝鮮時代における漆器下地材料の変遷に関する研究」 ㅣ 2015

국립공주대학교 박물관 ㅣ 「백제칠피갑옷의 비밀」 ㅣ 2018.8

국립민속박물관 ㅣ 「韓國漆器二千年」 1989

최공호·이승주 ㅣ 「칠장(옻칠)」 서울특별시 ㅣ 서울특별시 무형문화재 제1호 ㅣ 2020

국립중앙박물관 보존과학부 ㅣ 「보존과 복원의 세계 나전칠기」 ㅣ 2019.12

〈국외〉

永瀨喜助 「漆の本 -天然漆の魅力を探-」 研成社, 平成6年 11,

宮腰哲雄 「漆学 植生, 文化から有機化學まで」 明治大学出版会、2016, 5

小川 俊夫 「うるしの科学」 公立出版柱式会社、2014, 3

松田権六 「漆の話」, 岩波書店、2017, 9

阿部 芳郎, 宮腰哲雄 ほか 「生活工芸双書 漆1 , 一般社團法人 農産漁村文化協会 2018, 3

山本勝巳 「漆 百科」 丸善出版株式会社、平成23, 4

伊藤清三 外 「新裝合本 漆芸事典」, 光芸出版, 平成 16, 1, 28

十時啓悅 外 「漆塗りの技法書」, 誠文堂新光社, 2015, 8, 14

佐々木 英 「漆芸の伝統 技法」, オーム社、平成 30, 5,10

加藤　寛「図解　日本の漆工」, 東京美術, 2014, 4

豊島　清・愛子「漆塗り－　美しいさと実用と科学」, 2010, 4

岩手県立博物館　「いわての漆」, 川嶋印刷株式会社 ,　平成22, 10

松本　達弥「漆芸の修復について」, Urushi 2005, International Course on
　　　Conservation of Japanese Lacquer, National Research Institute
　　　for Cultural Properties, Tokyo, 2006, 3, 31

東京文化財研究所 修復技術部 「漆が語る国際文化交流 －海を渡った文化財情報－」2003
　　　12, 3

中村宗哲「漆うるはし　塗り物かたり」, 淡交社, 平成13, 4

西村英太郎「漆器 四季」PHP研究所, 大日本印刷株式会社 , 昭和 56, 2

四柳嘉章　「漆の文化」,　岩波書店,　2009, 12

岡田文男　「古代出土漆器の研究, 顯微鏡で探る材質と技法」　株式会社見聞社、1995 , 5

ふでばこvol18 特輯 朱(あか)　「あかの事典、あかの原料」株式會社白鳳堂, 2009年3月

천년 기술
옻칠 문화재 보존

지은이 | 이오희
펴낸이 | 최병식
펴낸날 | 2020년 12월15일(초판)
　　　　 2022년 8월 1일(개정증보판)
펴낸곳 | 주류성출판사
주소 | 서울특별시 서초구 강남대로 435(서초동 1305-5) 주류성빌딩 15층
전화 | 02-3481-1024(대표전화)　팩스 | 02-3482-0656
홈페이지 | www.juluesung.co.kr

값 18,000원

잘못된 책은 교환해 드립니다.

ISBN 978-89-6246-429-0　93630